AF473016

CATALOGUE
DES LIVRES

DE LA BIBLIOTHÉQUE

De Feu M. LIÉNARD,

DOYEN HONORAIRE DES NOTAIRES DE PARIS,

Dont la Vente se fera le lundi 30 *avril* 1827, *et jours suivans, à six heures très précises de relevée, en l'une des Salles de l'Hôtel de Bullion, rue J. J. Rousseau, n°* 3.

Les Adjudications seront faites par Me Serres, Commissaire-Priseur, rue de Braque, n° 6, au Marais.

A PARIS,

Chez De Bure, frères, Libraires du Roi, et de la Bibliothéque du Roi, rue Serpente, n° 7.

1827.

ORDRE DES VACATIONS.

On pourra voir les Livres tous les jours, depuis une heure jusqu'à trois.

Tous les Livres seront vendus pour complets. On pourra les collationner pendant les deux heures d'exposition; mais une fois sortis de la salle de vente, on ne les reprendra sous aucun prétexte.

Les articles rares, etc. qui se trouveroient dans les vingt-cinq premiers numéros de la vacation, seront vendus à la fin.

Les Livres seront vendus dans l'ordre qui suit :

1re *vacation, le lundi* 30 *avril* 1827.

Sciences et Arts.	34	—	42
Histoire.......	416	—	441
Belles-Lettres...	87	—	137
Théologie.....	1	—	10

2e *vacation, le mardi* 1er *mai.*

Sciences et Arts.	43	—	51
Théologie.....	11	—	20
Histoire.......	442	—	467
Belles-Lettres...	138	—	188

3e *vacation, le mercredi* 2.

Sciences et Arts.	52	—	60
Jurisprudence..	21	—	33
Histoire.......	468	—	493
Belles-Lettres...	189	—	236

4e *vacation, le jeudi* 3.

Sciences et Arts.	61	—	69
Histoire.......	494	—	520
Belles-Lettres...	237	—	296

5e *vacation, le vendredi* 4.

Histoire.......	521	—	547
Sciences et Arts.	70	—	78
Belles-Lettres...	297	—	355

6e *vacation, le samedi* 5.

Sciences et Arts.	79	—	86
Histoire.......	548	—	574
Belles-Lettres..	356	—	415

AVERTISSEMENT.

Si le Catalogue de feu M. Liénard ne se compose que d'un petit nombre d'articles, nous pouvons dire que ce sont au moins des Livres choisis, et généralement d'une belle et riche condition. On y trouvera des Elzeviers, des Variorum in-8. et in-4. dont plusieurs sont en grand papier; nos meilleurs Classiques français, des éditions modernes, presque tous imprimés sur papier vélin; les grandes éditions de MM. Didot, in-fol. et in-4. et un livre d'une excessive rareté, le n° 366, Collection complète des auteurs latins, ad usum Delphini, 63 vol. in-4. toute reliée en maroquin d'une ancienne reliûre. Nous pouvons dire que cet exemplaire est un des plus beaux qui ait jamais passé dans une vente. Ce Catalogue est si peu volumineux, que nous ne citerons que quelques articles comme plus remarquables, ce sont les n°s 4, Bible de Sacy, avec les figures de Marillier, avant la lettre, Gr. Pap. Vél. le n° 161, Virgilius Heynii, 6 vol. in-8. Pap. Vél. magnifique exemplaire; le n° 178, Ovidius Burmanni, 4 vol. in-4. Gr. Pap. le n° 190, Prudentius ad usum : cet exemplaire est indépendant de celui de la collection, et en est un des volumes les plus rares; le n° 436, Voyage de Chardin en Perse,

4 vol. in-4. le n° 556, Plutarque, 25 vol. in-4. Pap. Vélin, etc.

Les amateurs d'anciennes reliûres en trouveront un assez grand nombre de Derome, entre autres le Dictionnaire de Bayle, de 1720, 4 vol. in-fol. rel. en mar. rouge.

1. plai. hz+ Laur. mz+

2. pois. bz+ Laur. iz+

p. 4. plai. ezz+ dru.

Legras. 5. pois. az+

Ronanet. 6. Laur. i+

p. 7. of.

Legras.

CATALOGUE DES LIVRES

DE FEU M. LIÉNARD.

THÉOLOGIE.

1. Biblia sacra vulgatæ versionis, ad instit. Delphini. *Paris. Didot aîné*, 1785, 2 *vol. in*-4. *dem. rel. dos de m. r. non rogné. Pap. Vél.*

2. La Bible, en latin et en françois, avec des explications, (par L. I. le Maistre de Sacy.) *Paris*, 1725, 32 *vol. in*-8. *v. éc.*

3. La Sainte Bible, trad. en françois, par de Sacy. *Paris*, 1730, 10 *vol. in*-12. *v. b.*

4. La Sainte Bible, trad. en françois, par L. I. le Maistre de Sacy, ornée de 300 figures, d'après les dessins de Marillier. *Paris*, 1789 *et ann. suiv.* 12 *vol. in*-4. *m. r. dent. Gr. Pap. Vél. fig. avant la lettre.*

5. Histoire de l'Ancien et du Nouveau Testament, par de Royaumont. *Paris*, 1812, *in*-8. *fig. cart. Pap. Vél.*

6. Antiquités judaïques, ou Remarques critiques sur la République des Hébreux, par Basnage. *Amst.* 1713, 2 *vol. in*-8. *fig. v. f.*

7. Homélies, Discours et Lettres choisies de Saint Jean Chrysostôme, trad. du grec, par Auger. *Paris*, 1785, 4 *vol. in*-8. *v. porph. dent.*

8. Homélies et Lettres choisies de Saint Basile, trad. du grec, par Auger. *Paris*, 1788, *in*-8. *v. porph. dent.*

9. Les Provinciales, par B. Pascal. *Clermont*, 1752, *in*-12. *m. bl.*

10. Les mêmes. *Paris*, *P. Didot l'aîné*, 1816, 2 *vol. in*-8. *m. r. dent. Pap. Vél.*

11. Œuvres de Massillon. *Paris*, *Renouard*, 1810, 13 *vol. in*-8. *v. f. dent. Pap. Vél.*

12. Le Petit Carême de Massillon, pour l'éduc. du Dauphin. *Paris*, *Didot*, 1789, *in*-4. *dem. rel. dos de m. r. non rogné. Pap. Vél.*

13. Le même. *Paris*, *P. Didot l'aîné*, 1812, *in*-8. *m. r. dent. Pap. Vél.*

14. Th. à Kempis de Imitatione Christi lib. IX, edente P. Lambinet. *Parisiis*, 1810, *in*-12. *fig. v. f. Pap. Vél.*

15. Pensées de Blaise Pascal. *Paris*, 1803, 2 *vol. in*-18. *v. r.*

16. Les mêmes. *Paris*, *P. Didot l'aîné*, 1817, 2 *vol. in*-8. *dem. rel.*

17. Les mêmes, de la même édition. 2 *vol. in*-8. *m. r. dent. Pap. Vél.*

18. Essai sur l'Indifférence en matière de Religion, par l'abbé de la Mennais. *Paris*, 1819, *in*-8. *dem. rel. Le tome premier.*

19. État de l'Homme dans le péché originel. 1774, *in*-18. *v. uni.*

20. La Religion des Mahométans, tirée du latin de Reland. *La Haye*, 1721, *in*-12. *fig. m. r.*

JURISPRUDENCE.

21. Les Inconvéniens du Célibat des Prêtres, prouvés par des recherches historiques, (par l'abbé Gaudin.) *Genève*, 1781, *in*-8. *v. b.*

22. De l'Esprit des Lois, par Montesquieu. *Paris*, *P. Didot l'aîné*, 1820, 4 *vol. in*-8. *dem. rel. dos de m. Pap. Vél.*

simonet

10. pois. ai+ Laur. am+ p.

11. pois. bi+ Laur. i2'

Legras.

Ronanet.

girod.

Chobec

16. Laur. e+ Simonet.

17. Laur. am+ merlin

idem

motelet.

Bartholem

22. pois. ae+ Laur. ai+ Serres.

Crozet.

24. Laur x+

warie ondes 25. Laur. x+

p.

p. 27. thom p+y

warie ondes 28. Laur. h2+

p.

warie ondes

girard.

p.

Kilian

merlin 35. No. px+

23. De la Législation, par de Mably. *Amst.* 1776, 2 *tom. en* 1 *vol. in*-12. *v. j.*

24. Les Loix de la Nature expliquées par Cumberland, publ. par Barbeyrac. *Leide*, 1757, *in*-4. *v. f. dent.*

25. Le Droit de la Nature et des Gens, trad. du lat. de Pufendorf, par Barbeyrac. *Londres*, 1740, 3 *vol. in*-4. *v. b.*

26. H. Grotii de Jure Belli ac Pacis lib. tres, cum not. J. F. Gronovii. *Amst.* 1712, *in*-8. *v. b.*

27. Les Devoirs de l'Homme et du Citoyen, trad. du latin de Puffendorf, par Barbeyrac. *Amst.* 1756, 2 *vol. in*-12. *v. m.*

28. Corpus Juris civilis. *Amst. Elzevirii*, 1664, 2 *vol. in*-8. *m. r. doub. de m. r. dent. l. r.*

29. Code Civil des Français. *Paris*, 1804, *in*-8. *v. b.*

30. Code de Procédure civile. *Paris*, 1806; Code de Commerce. *Paris*, 1810; et Code Pénal. *Paris*, 1810, 3 *vol. in*-8. *v. j.*

31. Traité élémentaire du Notariat, par E. H. Garnier Deschesnes. *Paris*, 1807, *in*-8. *br.*

32. Constitution de l'Angleterre, par De Lolme. *Paris*, 1788, 2 *tom. en* 1 *vol. in*-8. *v. j.*

33. Défense des Constitutions américaines, par John Adams. *Paris*, 1792, 2 *vol. in*-8. *v. r.*

SCIENCES ET ARTS.

PHILOSOPHIE.

34. Bibliothéque des anciens Philosophes, par Dacier. *Paris*, 1771, 5 *vol. in*-12. *v. f. dent.* = La République, les Lois et les Dialogues de Platon, trad. par Grou. *Amst.* 1763, 6 *vol. in*-12. *v. f.*

35. L. A. Senecæ philosophi Opera, cum not. var. *Amst. D. Elzevir.* 1672, 3 *vol. in*-8. *v. b.*

36. Les OEuvres de Sénèque le philosophe, trad. par Lagrange. *Paris*, 1778, 7 *vol. in*-12 *v. m.*

37. Pensées de Sénèque recueillies par de la Beaumelle. *Paris, Barbou*, 1768, *in*-12. *v. f.*

38. Opere filosofiche del conte P. Verri. *Parigi*, 1784, *in*-8. *v. f. Gr. Pap. de Holl.*

39. Les OEuvres du comte de Shaftsbury, trad. de l'anglois. *Genève*, 1769, 3 *vol. in*-8. *v. j.*

Morale.

40. La Logique, ou l'Art de penser, par MM. de Port-Royal. *Amst.* 1675, *in*-12. *m. vert. dent.*

41. Les Caractères de Théophraste, avec les Caractères ou les Mœurs de ce siècle, par de La Bruyère, avec les notes de Coste. *Amst.* 1743, 2 *vol. in*-12. *v. f.*

42. Les mêmes, avec des notes, par Coste. *Paris*, 1765, *in*-4. *m. r.*

43. Les mêmes. *Paris, P. Didot l'aîné*, 1813, 2 *vol. in*-8. *m. r. dent. Pap. Vél.*

44. Le Manuel d'Epictète et les Commentaires de Simplicius, trad. du grec, par Dacier. *Paris*, 1776, 2 *vol. in*-12. *v. f. dent.*

45. Maximes et Réflexions morales du duc de la Rochefoucauld. *Paris, Impr. Roy.* 1778, *in*-8. *m. r. dent. tab.*

46. Les mêmes. *Paris, P. Didot l'aîné*, 1796, *in*-4. *dem. rel. dos de m. r. non rogné. Pap. Vél.*

47. Les mêmes. *Paris, P. Didot*, 1815, *in*-8. *m. r. dent. Pap. Vél.*

48. Le Spectateur, ou le Socrate moderne, trad. de l'angl. d'Addison. *Amst.* 1746, 8 *vol. in*-12. *v. f.*

49. Le Mentor moderne, ou Discours sur les mœurs du siècle, trad. de l'anglois du Guardian, d'Addison, etc. *Amst.* 1727, 2 *vol. in*-12. *v. m.*

50. Traité du vrai mérite de l'Homme, par le Maître de Claville. *Paris*, 1740, 2 *vol. in*-12. *v. m.*

Simonet.

Crozet.

Labitte

idem

40. cours. a^t. y. grep. 6# p.

41. poiss. 6#

Legras

idem

reverse imparfait. girard.

idem

47. poiss. x^t Laur. 6# Ronnet

p.

51. no. 772 pages.

Bartholemi 52. no.

mobelet 53. pois. e+

girard.

idem

~~Hart~~ Crozet.

idem

p.

martin

60. pois. i+

62. pois. p+

51. De la Sagesse, trois livres, par P. Le Charron. *Bordeaux*, 1601, *in*-8. *m. r. dent.*

52. Le même ouvrage. *Leide, J. Elsevier, in*-12. *m. r.*

53. Le même. *Amst. Elzeviers*, 1662, *in*-12. *m. r. dent. l. r.*

54. La Fable des Abeilles, ou les Fripons devenus honnêtes gens, trad. de l'angl. *Londres*, 1740, 4 *tom. en* 2 *vol. in*-12. *v. f.*

Politique, etc.

55. De la République, traité de J. Bodin. *Paris*, 1756. = Du Gouvernement civil, par Locke. *Bruxelles*, 1754, *in*-12. *v. m.* = Les Rêves d'un homme de bien, par de Saint-Pierre. *Paris*, 1775, *in*-12, *v. m.*

56. Aphorismes politiques de J. Harrington, trad. de l'angl. *Paris, Didot jeune, l'an* III, (1795,) *in*-12 *cart. Pap. Vél.*

57. Considérations politiques sur les coups d'Estat, par G. Naudé. *Sur la copie de Rome*, 1666, *in*-12. *v. j.*
Avec la sphère.

58. Elementa philosophica de Cive, auct. T. Hobbes. 1742, *in*-12. *v. m.*

59. Du Gouvernement civil, par Locke, trad. de l'angl. *Amst.* 1755, *in*-12. *v. f.* = De l'Education des enfans, par le même. *Amst.* 1721, *in*-12. *v. j.*

60. Machiavel commenté par Buonaparte. *Paris*, 1816, *in*-8. *v. j.*

61. Mémoires pour servir à l'Histoire générale des finances, par Deon de Beaumont. *Amsterdam*, 1760, 2 *tom. en* 1 *vol. in*-12. *v. f.*

62. Abrégé de l'Essai de Locke, sur l'entendement humain, trad. de l'angl. *Londres*, 1746, *in*-12. *v. m.* = Essai sur l'origine des connaissances humaines, par de Condillac. *Amst.* 1746, 2 *tom. en* 1 *vol. in*-12. *v. m.*

63. Recherches sur l'origine des idées que nous avons de la beauté et de la vertu, trad. de l'angl. (de Hutcheson.) *Amsterdam*, 1750, 2 *tom. en* 1 *vol. in*-8. *v. f.*

Physique. Histoire naturelle, etc.

64. Traité élémentaire de Physique, par Haüy. *Paris*, 1806, 2 *vol. in*-8. *fig. v. r.*

65. Idée du Monde, par A. T. Chevignard de la Pallue. *Paris*, 1782, 2 *vol. in*-12. *fig. v. m.*

66. C. Plinii Secundi Historia naturalis, cum not. G. Brotier. *Paris. Barbou*, 1779, 6 *vol. in*-12. *v. f.*

67. Histoire naturelle de Pline, trad. en franç. avec le texte latin, par Poinsinet de Sivry. *Paris*, 1771, 12 *vol. in*-4. *v. m.*

68. Morceaux extraits de l'Histoire naturelle de Pline, trad. en français, avec le texte en regard, par Gueroult. *Paris*, 1785, *in*-8. *v. j.*

69. Histoire naturelle des animaux, par Pline, trad. en français, avec le texte en regard, par Gueroult. *Paris*, 1802, 3 *vol. in*-8. *v. j.*

70. Histoire naturelle générale et particulière du Cabinet du Roi, par de Buffon. *Paris, Imprim. Roy.* 1749, 37 *vol. in*-4. *fig. v. f.* Les Cartes pour les minéraux sont br. en carton. = Histoire naturelle des Ovipares et des Serpens, par de Lacépède. *Paris*, 1788, 2 *vol. in*-4. *fig. v. f.* = Histoire naturelle des Poissons, par le même. *Paris*, 1798, *in*-4. *fig. les tomes* 1 *à* 3. *Le tome* 1er. *v. f. les tomes* 2 *et* 3 *cart. en tout* 42 *vol.*

71. Etudes de la Nature, par J. H. Bernardin de Saint-Pierre. *Paris*, 1784, 4 *vol. in*-12. *fig. v. j.* = Vœu d'un Solitaire, par le même. 1789, *in*-12. *br.*

p.

Rouanet.

idem

66. thon. px^t

merlin

girod.

69. grep. ai^t

70. poer. mx z^t dejo. axz^t porquet.

71. dest. poer. n^t

p.

Romanet. 74. Laur. hit

p.
porquet

p.

79. Letr. cheap.

Serres. 80. grep. i+

Crozet.

Leclerc

idem

72. Nouveau Dictionnaire d'Histoire naturelle appliquée aux arts. *Paris*, 1803, 24 *vol. in*-8. *fig. v. r.*

73. Géographie-Physique, ou Essai de l'Histoire naturelle de la terre, trad. de l'anglais de Wodward, par Noguez. *Amst.* 1735, *in*-8. *v. f.*

74. Nouveau Cours d'Agriculture théorique et pratique. *Paris*, 1809, 13 *vol. in*-8. *fig. v. f.*

75. Veni mecum de Botanique, par Marquet. *Paris*, 1773, 2 *vol. in*-12. *v. f.*

76. Mémoires pour servir à l'Histoire naturelle des Insectes, par de Réaumur. *Paris*, *Impr. Roy.* 1734, 6 *vol. in*-4. *fig. m. r.*

77. De la Santé des gens de Lettres, par Tissot. *Paris*, 1769. = L'Onanisme, par le même. *Toulouse*, 1765, *in*-12. *v. m.*

78. Essai sur les probabilités de la durée de la Vie humaine, par Deparcieux. *Paris*, 1746, *in*-4. *v. m.*

Astronomie, etc.

79. Histoire de l'Astronomie ancienne et moderne, et Traité de l'Astronomie indienne, par J. S. Bailly. *Paris*, 1781, 1785 *et* 1787, 5 *vol. in*-4. *fig. v. f.*

80. Étude du Ciel, ou Connaissance des Phénomènes astronomiques mise à la portée de tout le monde, par Mollet. *Lyon*, 1803, *in*-8. *fig. v. f.*

81. Entretiens sur la pluralité des Mondes, par de Fontenelle. *Paris*, 1769, *in*-12. *m. vert.*

82. Le même. *Paris*, *Didot jeune*, 1796, *in*-4. *fig. dem. rel. dos de m. r. non rogné. Pap. Vél.*

83. Spécimen des nouveaux Caractères de la Fonderie et de l'Imprimerie de P. Didot l'aîné. *Paris*, *P. Didot l'aîné*, 1819, *in*-8. *cart.*

84. Traité d'Achitecture rurale, par de Perthuis. *Paris*, 1810, *in*-4. *fig. v. f.*

85. Victoires, Conquêtes, Désastres, etc. des Français, de 1792 à 1815. *Paris*, 1817, *in*-8. *br. les tom.* 1 *à* 4.

86. Le grand Trictrac, ou Méthode pour apprendre sans maître la marche, les règles, etc. de ce jeu. *Paris*, 1766, *in*-8. *fig. v. m.* = Traité du jeu des Echecs, par une société d'amateurs. *Paris*, 1775, *in*-12. *dem. rel.*

BELLES-LETTRES.

Principes de Littérature et de Grammaire, etc.

87. Cours d'Études pour l'instruction du Prince de Parme, par de Condillac. *Aux Deux-Ponts*, (*Parme, Bodoni*,) 1782, 13 *vol. in*-8. *v. f. dent.*

88. Lycée, ou Cours de Littérature ancienne et moderne, par La Harpe. *Paris*, *an* VII, (1799,) 16 *tom. rel. en* 18 *vol. in*-8. *v. m.*

89. Grammaire générale et raisonnée, contenant les fondemens de l'art de parler. *Paris*, 1660, *in*-12. *v. f.*

90. La vraie manière d'apprendre une Langue quelconque vivante ou morte, par le moyen de la langue française, ou Traduction littérale des œuvres d'Horace et de Phèdre, avec le texte en regard, (par N. Adam.) *Paris*, 1787, 4 *tom. en* 3 *vol. in*-8. *dem. rel.*

91. Nouvel abrégé de la Grammaire grecque, par Furgault. *Paris*, 1789, *in*-8. *v. f. dent.*

92. Le Jardin des Racines grecques. *Paris*, 1774, *in*-12. *v. m.*

93. Dictionnaire grec-français, par J. Planche. *Paris*, 1809, *in*-8. *v. f.*

Le clerc

merlin

Letellier

88. Lie.

89. poir. m+y

martin

93. gryp. az+

p.

merlin 9.4. Laur. x+

idem

idem

m de Noilly
Bertrand.
merlin

guiled

truchy

crozet.

fagolles

merlin

nozeran

Grammaires et Dictionnaires des Langues latine et française, etc.

94. Nouvelle Méthode pour apprendre facilement la Langue latine, (par MM. de Port-Royal.) *Paris*, 1761, *in*-8. *v. rac.*

95. Cours de Latinité, par Vanière. *Paris*, 1799, 3 *vol. in*-8. *br.*

96. Cours de Langue latine, par Luneau de Boisjermain. *Paris*, 1787, 5 *vol. in*-8. *cart.*

97. Dictionarium univers. latino-gallicum, auct. J. Boudot. *Parisiis*, 1771, *in*-8. *bas.*

98. Nouveau Dictionnaire latin-françois, par F. Noel. *Paris*, 1807, *in*-8. *v. f.*

99. Dictionarium latino-gallicum, edente F. Noel. *Paris*. 1808, *in*-4. *br.*

100. J. Vanierii Dictionarium poeticum. *Lugduni*, 1710, *in*-4. *bas.*

101. De l'Universalité de la Langue française, par Rivarol. *Paris*, 1785, *in*-12. *v. j.* = Grammaire des gens du monde, par Philippon de la Madelaine. *Paris*, 1807, *in*-12. *dem. rel.*

102. Glossaire de la Langue Romane, par J. B. B. Roquefort. *Paris*, 1808, 2 *vol. in*-8. *m. v. dent. Pap. Vél.*

103. Dictionnaire du vieux Langage françois, par Lacombe. *Paris*, 1766, 2 *vol. in*-8. *v. m.*

104. Grammaire des Grammaires, ou Analyse raisonnée des meilleurs traités sur la Langue françoise, par M. Girault-Duvivier. *Paris*, 1818, 2 *vol. in*-8. *dem. rel.*

105. Remarques sur la Langue française, par d'Olivet. *Paris*, *Barbou*, 1771, *in*-12. *v. b.* = Racine vengé, par le même. *Avignon*, 1739, *in*-12. *v. j.*

106. Les vrais Principes de la Langue françoise, par Girard. *Paris*, 1747, 2 *vol.* 12. *v. m.* = Prin-

cipes de la Langue françoise, par de Wailly. *Paris*, 1777, *in*-12. *v. m.*

107. Synonymes français, par Girard, publ. par Beauzée. *Paris*, 1769, 2 *vol. in*-12. *v. m.* = Rhétorique française, à l'usage des jeunes Demoiselles, par Gaillard. *Paris*, 1810, *in*-12. *dem. rel.*

108. Dictionnaire étymologique des Mots français dérivés du grec, par J. B. Morin, avec des notes par d'Ansse de Villoison. *Paris*, 1803, *in*-8. *v. j.*

109. Dictionnaire de l'Académie Françoise. *Paris*, 1762, 2 *vol. in-fol. v. m.*

110. Dictionnaire universel, françois-latin, appelé de Trevoux. *Paris*, 1771, 8 *vol. in-fol. v. m.*

111. Nouveau Dictionnaire français-latin, par F. Noel. *Paris*, 1808, *in*-8. *v. f.*

112. Dictionnaire universel de la Langue françoise, avec le latin, par Boiste. *Paris*, 1808, *in*-4. *v. j.*

113. Dictionnaire de la Langue française, par J. Ch. Laveaux. *Paris*, 1820, 2 *vol. in*-4. *v. f.*

114. Nouveau Dictionnaire grammatical, par Chapsal. *Paris*, 1808, *in*-8. *dem. rel.*

115. Dictionnaire des Proverbes français. *Paris*, 1821, *in*-8. *dem. rel. dos de m. vert.*

116. Discours préliminaire du nouveau Dictionnaire de la Langue française, par de Rivarol. *Paris*, 1797, *in*-4. *v. r.*

117. Dictionnaire français-italien et italien-français, par Alberti. *Marseille*, 1772, 2 *vol. in*-4. *v. m.*

Rhétorique. Orateurs grecs, latins, etc.

118. Aristotelis Rhetorica, gr. *Oxonii, e Theat. Sheldon.* 1759, *in*-8. *v. m. Ch. Mag.*

119. Harangues tirées d'Hérodote, de Thucydide et de Xénophon, trad. du grec, par Auger. *Paris*, 1788, 2 *vol. in*-8. *v. porph. dent.*

120. Les Orateurs athéniens, ou les Harangues

p.

porquet.

merlin

p.

letellier

113. poiss. pp+

p.

115. Laur. p+

p.

bertrand.

ludet

118. greg. ah+

Bartholeme

120. cours. m+

Dien

	121. cous. x+ grep. ax+
Bartholen	122. cous. m+
p.	123. cous. am+
Labitte	
	125. dru.
p.	
	127. pois. xz+
p.	
Nozeran	
	131. pois. xz+ Laur. hi+
Merlin	
	133. Laur. b+

de Lycurgue, d'Andocide, d'Isée, etc. trad. du grec, par Auger. *Paris*, 1792, *in*-8. *v. porph. dent.*

121. Œuvres complètes d'Isocrate, trad. du grec, par Auger. *Paris*, 1781, 3 *vol. in*-8. *v. porph. dent.*

122. Œuvres complètes de Lysias, trad. du grec, par Auger. *Paris*, 1783, *in*-8. *v. porph. dent.*

123. Œuvres complètes de Démosthène et d'Eschine, trad. du grec, par Auger. *Paris*, 1784, 6 *vol. in*-8. *v. porph. dent.*

124. M. F. Quintiliani Institutiones oratoriæ et declamationes, cum not. var. *Lugd. Bat.* 1665, 2 *vol. in*-8. *vél.*

125. Idem opus, cum not. var. cur. P. Burmanno. *Lugd. Bat.* 1720, 2 *vol. in*-4. *v. f. Ch. Mag.*

126. Quintilien, de l'institution de l'Orateur, trad. par Gedoyn. *Paris*, 1770, 4 *vol. in*-12. *v. m.*

127. M. Tullii Ciceronis Opera. *Glasguæ, Foulis*, 1749, 20 *vol. pet. in*-12. *v. f. l. r. Ch. Pura.*

128. Eadem, cum indicibus et variis lectionibus. *Oxonii, e typogr. Clarendoniano*, 1783, 10 *vol. gr. in*-4. *cuir de Russie. R. A.*

129. M. T. Cicero de Officiis. *Lutetiæ, J. Barbou*, 1773, *in*-24. *m. bl. dent. tab.*

130. Recueil de traductions de différens ouvrages de Cicéron et l'Histoire de Cicéron, par Prevost. *Paris*, 1745 *et ann. suiv.* 26 *vol. in*-12. *v. f.*

131. Oraisons funèbres de Bossuet, Fléchier, et autres orateurs, avec des Notices, par M. Dussault. *Paris*, 1820, 4 *vol. in*-8. *cart. Gr. Pap. Vél. fig. avant la lettre.*

132. Recueil des Oraisons funèbres prononcées par J. B. Bossuet. *Paris*, 1762, *in*-12. *v. m.* = Petit Carême de Massillon. *Paris*, 1769, *in*-12. *v. m.*

133. Oraisons funèbres de Bossuet. *Paris, P. Didot l'aîné*, 1814, *in*-8. *m. r. dent. Pap. Vél.*

134. Recueil des Oraisons funèbres de Fléchier. *Paris*, 1774, *in*-12. *v. m.* = Le Pseautier françois, trad. par La Harpe. *Paris, an* VI, (1798,) *in*-12. *v. porph.*

135. Éloges, par Thomas. *Paris*, 1763, 2 *vol. in*-8. *v. f.*

136. Discours du général Foy. *Paris*, 1826, 2 *vol. in*-8. *br.*

POÉTIQUE.

Poètes grecs.

137. Les quatre Poétiques d'Aristote, d'Horace, de Vida et de Despréaux, avec les traductions en regard des textes, par Batteux. *Paris*, 1771, 2 *vol in*-8. *m. r. Gr Pap. de Hollande.*

138. L'Iliade et l'Odyssée d'Homère, trad. par mad. Dacier. *Paris, Rigaud*, 1711, 6 *vol. in*-12. *fig. m. r.*

139. Le même ouvrage, trad. par Bitaubé. *Paris*, 1780, 6 *vol. in*-8. *v. m.*

140. Anacreontis Carmina, gr. *Parmæ*, (*Bodoni*,) 1791, *in*-18. *m. bl.*

141. Les Œuvres d'Anacréon et de Sapho, trad. du grec en vers françois, avec le texte en regard, par de Longepierre. *Paris*, 1692, *in*-12. *v. m.*

142. Les Poésies d'Anacréon et de Sapho, trad. du grec en françois, avec le texte en regard, par madame Dacier. *Amst.*, 1716, *in*-12. *v. b.*

143. Anacréon, Sapho, Bion et Moschus, trad. (par Moutonnet-Clairfons.) *Paris*, 1780, *in*-8. *v. éc.*

144. L'Expédition des Argonautes, trad. du grec d'Apollonius de Rhodes, par M. Caussin. *Paris, l'an* V, (1797,) *in*-8. *m. r. dent.*

145. Les Amours de Léandre et Héro, poëme de Musée, trad. du grec en françois, avec le texte, (par de Laporte-Dutheil.) *Paris*, 1784, *in*-12. *m. citr. l. r.*

merlin

p
guild

137. NO. Laur. ai+

138. pois. h2+ Waric onde

Ronant

Le gras

Ronant

143. grep. xc+

144. cour. m+ y^c. grep. 6+ Barthelemi

Truchy

145. Laur. yt+ Ronant

Legras.

Rouanet.

Labitte

149. no. thou. iz+

150. thou. mi+

Waricondes 151. dru. thou. aiz+

Motelet.

girod.

Rouanet.

p.

156. grep. x+

Bartholeme

158. pois. n+

146. Théâtre des Grecs, par le P. Brumoy, nouv. édition publiée par de Rochefort et de Laporte-Dutheil. *Paris*, 1785, 13 *vol. in-4. m. r. dent. tab. fig. avant la lettre. Gr. Pap. Vél.*

147. Théâtre d'Eschyle, trad. en françois, avec le texte grec en regard, par de Laporte-Dutheil. *Paris, an* III, (1795,) 2 *vol. in-8. fig. v. f. dent. Pap. Vél.*

148. Aristophanis Comœdiæ, gr. et lat. cum notis S. Bergleri, cur. P. Burmanno Secundo. *Lugd. Bat.* 1760, 2 *tom. en* 1 *vol. in-4. vél.*

Poètes latins.

149. T. Lucretii Cari de Rerum Natura libri sex, cum not. var. cur. S. Havercampo. *Lugd. Bat.* 1725, 2 *vol. in-4. fig. vél.*

150. Lucrèce, trad. en franç. par Lagrange, avec le texte en regard. *Paris*, 1768, 2 *vol. in-8. fig. v. éc. Gr. Pap.*

151. Catullus, Tibullus et Propertius, cum comment. J. A. Vulpii. *Patavii*, 1737, *et ann. seq.* 4 *vol. in-4. v. f.*

152. Iidem. *Parisiis, Barbou*, 1754, *in-12. fig. m. r.*

153. Traduction en prose des Poésies de Catulle, Tibulle et Gallus, avec le texte en regard, (par de Pesay.) *Paris*, 1771, 2 *vol. in-8. v. f. Gr. Pap.*

154. Traduction complète des Poésies de Catulle, suivie des Poésies de Gallus, par F. Noel, avec le texte en regard. *Paris*, 1803, 2 *vol. in-8. v. gauffré.*

155. P. Virgilii Maronis Opera, cum not. var. accurante C. Schrevelio. *Lugd. Bat.* 1666, *in-8. v. f.*

156. Idem Virgilius, cum notis var. ex recens. P. Masvicii. *Leovardiæ*, 1717, 2 *vol. in-4. vél. dent.*

157. Idem. *Dublinii*, 1745, *in-8. m. r. dent.*

158. Idem, cum not. C. Ruæi, in usum Delphini. *Londini*, 1781, *in-8. v. b.*

159. Idem. *Parisiis, Barbou*, 1790, 2 *vol. in*-12. *v. j.*

160. Idem. *Parisiis, P. Didot, an* VI, (1798,) *in*-12. *v. j. Pap. Vél. édit. stéréot.*

160*. P. Virgilii Maronis Bucolica, Georgica et Æneis. *Paris. P. Didot*, 1798, *in-fol. max. br. en cart. n°* 19 *sur* 250. *Pap. Vél. fig. avant la lettre.*

161. Idem, varietate lectionis et perpetuâ annotatione illustratus, à C. G. Heyne. *Lipsiæ*, 1800, 6 *vol. in*-8. *fig. m. bl. dent. R. A. Pap. Vél.*

162. Les Œuvres de Virgile, trad. en français, par Desfontaines, avec le texte. *Paris*, 1743, 4 *vol. in*-8. *fig. v. m.*

163. Les mêmes, trad. en franç. avec le texte en regard. *Paris*, 1780, 4 *vol in*-12. *v. f.*

164. Les Géorgiques de Virgile, trad. en vers françois par Delille, avec le texte en regard. *Paris*, 1770, *in*-8. *fig. v. f.*

165. Q. Horatius Flaccus, cum not. var. et schol. J. Bond, accurante C. Schrevelio. *Lugd. Bat.* 1670, *in*-8. *m. r. dent.*

166. Idem. *Paris. e Typ. Reg.* 1733, *in*-24. *m. vert.*

167. Idem, accurante S. A. Philippe. *Lutet. Paris. Coustelier*, 1746, *in*-12. *m. r. dent. Ch. Fort.*

168. Idem, cum annot. J. Bond. *Aurelianis*, 1767, *in*-12. *m. r.*

169. Idem, cur. J. Valart. *Parisiis*, 1770, *in*-8. *m. vert. dent.*

169*. Q. Horatius Flaccus. *Paris. P. Didot*, 1799, *in-fol. max. br. en cart. n°* 19 *sur* 250. *Pap. Vél. fig. avant la lettre.*

170. Idem, éditio stereot. Herhan. *Parisiis*, 1808, *in*-12. *m. vert. dent. Pap. Vél.*

171. Œuvres d'Horace, trad. en françois, avec le texte en regard, par Tarteron. *Amst.* 1710, 2 *vol. in*-12. *v. f.* = Satires de Perse et de Juvénal, trad. par le même. *Paris*, 1737, *in*-12. *v. b.*

172. Les Poésies d'Horace, trad. en françois, avec

Le tellier

hippolyte

160*. plai. mi. 2+

161. dru.

Kilian

saunignat.

164. poir. i+

165. poir. e+

Warie onde

Bartholene

Le gras.

Motelo

p.

Roule

p.

Crozet

warie onde

168. Laur. i+

Labitte

174. pois. xc+

Bartholone 175. Laur. it

girod

Letellier

177. ✠ dru.

truchy

179. pois. iz+ Laur. px+

p.

girod

merlin

Waric ondes 183. grep. mh+

truchy

Janonignat.

le texte en regard, par Sanadon. *Amst.* 1756, 8 *vol. in-12. m. r. Gr. Pap.*

173. Phædri Fabulæ, cum not. Dav. Hoogstratani. *Amst.* 1701, *in-4. fig. vél.*

174. Idem, cum not. var. curante P. Burmanno. *Lugd. Bat.* 1728, *in-8. v. b.*

175. Idem, et P. Syri Sententiæ. *Paris. e Typ. Reg.* 1729, *in-24. m. vert. Ch. Mag.*

176. Idem Phædrus, cum emend. S. A. Philippe. *Lut. Par.* 1748, *in-12. m. r. dent. Ch. Pura.*

177. Idem, ed. eodem. *Parisiis, Barbou,* 1754, *in-12. v. m.*

177*. Phædri Fabulæ. *Paris. J. Didot,* 1823, *in-fol. max. br. en cart. n°* 14 *sur* 125. *Pap. Vél.*

178. P. Ovidii Nasonis Opera, cum not. var. et P. Burmanni Secundi. *Amst.* 1727, 4 *vol. in-4. m. r. Ch. Mag.*

179. Les Métamorphoses d'Ovide, en lat. et en franç. trad. de Banier, avec les figures de Lemire et Basan. *Paris,* 1767, 4 *vol. in-4. fig. m. r.*

180. Les mêmes, trad. en vers françois, par de Saint-Ange, avec le texte en regard. *Paris,* 1808, 4 *vol. in-8. fig. v. porph. dent.*

181. La Pharsale de Lucain, trad. en vers françois, par de Bréboeuf. *Leyde, J. Elsevier,* 1658, *in-12. m. r.*

182. M. Val. Martialis Epigrammata, cum not. var. accur. C. Schrevelio. *Lugd. Bat.* 1670, *in-8. v. f.*

183. J. Juvenalis et A. Persii Flacci Satyræ, cum notis variorum. *Amst.* 1684, *in-8. m. r. dent.*

184. D. J. Juvenalis Satyrarum lib. v. ex recogn. S. A. Philippe. *Lut. Par. Coustelier,* 1746, *in-12. m. r. dent.*

185. Satires de Juvenal, trad. en françois, avec le texte en regard, par Dusaulx. *Paris,* 1770, *in-8. v. m.* = Satires de Perse, trad. en franc. avec le texte en regard, par Le Monnier. *Paris,* 1771, *in-8. v. m.*

186. Satires de Juvénal, trad. par J. Dusaulx, avec le texte en regard. *Paris*, *Didot jeune*, 1796, 2 *vol. in-4. dem. rel. dos de m. r. Pap. Vél. non rogn. fig. avant la lettre.*

187. Le même ouvrage. *Paris*, 1803, 2 *vol. in-8. v. gauffré.*

188. Ausonii Opera, cum not. var. ed. J. Tollio. *Amst.* 1671, *in-8. vél.*

189. Œuvres d'Ausone, trad. en françois, avec le texte en regard, par Jaubert. *Paris*, 1769, 4 *vol. in-12. v. m.*

190. Aurel. Prudentii Clementis Opera, interpret. et notis illustr. Steph. Chamillard, ad usum Delphini. *Parisiis*, 1687, *in-4. m. r.*

191. Cl. Claudiani quæ extant, cum not. var. ex recens. Nic. Heinsii. *Amst. ex off. Elzev.* 1665, *in-8. v. b.*

192. Pervigilium Veneris, cum not. var. *Hag. Com.* 1712, *in-8. v. f.*

193. Les Comédies de Térence, trad. en françois, avec le texte latin à côté, par Le Monnier. *Paris,* 1771, 3 *vol. in-8. fig. v. m.*

194. L. An. Senecæ Tragœdiæ, cum not. T. Farnabii. *Amst.* 1656, *in-12. v. éc.*

195. Le Bonheur que procure l'Étude, par le chancelier de L'Hôpital, trad. de ses poésies latines. *Paris*, 1817, *in-8. v. f.*

196. Anti-Lucretius, sive de Deo et Natura lib. IX, auct. Melch. de Polignac. *Parisiis*, 1747, 2 *tom. en* 1 *vol. in-8. m. r.*

Poètes français.

197. Fabliaux et Contes des poètes français des XI, XII, XIII, XIV et XVe siècles, publiés par Barbazan, et revus par Méon. *Paris*, 1808, 4 *vol. in-8. fig. doubles avant et avec la lettre. m. v. dent. Gr. Pap. Vél.*

Letellier

187. v/. poës. vvvt

Le gras.

189. thom. e+ Renard.

Colney

Le gras.

girod.

193. poës. axe+

girard

Barthelemi

196. greg. aa+

197. drei. poës. xz+

	198. poir. mz+
Rouanet.	
Roule	200. Laur. am+ n Roul. hz
Bartholene	
Labitte	202. poir. ae+. Dur.
	203. grep. b+
Malafait.	
	205. poir az+
Desilcinne	
Crozet.	
p.	
	209. poir. i+
Legras.	
	212. Laur. am+
	213. Of. poir. i+
Bartholene	

198. Les Poètes françois, depuis le XIIe siècle jusqu'à Malherbe. *Paris*, 1824, 6 *vol. in*-8. *br.*

199. Choix de Fabliaux mis en vers, (par Imbert.) *Paris*, 1788, 2 *vol. in*-12. *dem. rel. dos de m.*

200. Recueil des meilleurs Contes en vers. *Paris*, 1778, 4 *tom. rel. en* 6 *vol. in*-18. *fig. m. r. dent. tab.*

201. Le Rommant de la Rose, (par G. de Lorris et J. de Meung.) *Paris*, 1538, *in*-8. *goth. v. f.*

202. Le même, publ. par Lenglet Dufresnoy. *Paris*, 1735, *et Dijon*, 1737, 4 *vol. in*-12. *m. r.*

203. Poésies de Marguerite Éléonore Clotilde de Vallon-Chalys, publiées par M. Vanderbourg. *Paris*, 1803, *in*-8. *v. r.*

204. OEuvres de J. Marot. *Paris*, *Coustelier*, 1723, *in*-12. *m. bl.*

205. Les OEuvres de Clément Marot. *La Haye*, 1700, 2 *vol. in*-12. *m. r.*

206. Les OEuvres et Mélanges poétiques d'Estienne Jodelle. *Lyon*, 1597, *in*-12. *m. vert.*

207. Les OEuvres poétiques de Remy Belleau. *Paris*, 1585, *in*-12. *v. f.*

208. OEuvres de Regnier. *Londres*, 1746, 2 *vol. in*-12. *m. r.*

209. Poésies de Malherbe. *Paris*, *Barbou*, 1764, *in*-8. *v. m.*

210. Les mêmes. *Paris*, *P. Didot l'aîné*, 1797, *in*-4. *dem. rel. dos de m. r. non rogné. Pap. Vél.*

211. Les mêmes. *Paris*, *P. Didot l'aîné*, 1815, *in*-8. *m. r. dent. Pap. Vél.*

212. Les OEuvres de Racan. *Paris*, *Coustelier*, 1724, 2 *vol. in*-12. *v. b.*

213. OEuvres de mad. et de mademoiselle Deshoulières. *Paris*, 1754, 2 *vol. in*-12. *v. f.*

214. Contes et Nouvelles en vers, par J. de La Fontaine. *Amst.* 1762, 2 *vol. in*-8. *fig. m. r.*

215. Les mêmes. *Paris*, *P. Didot l'aîné*, 1795,

2 *tom. en* 1 *vol. in-4. dem. rel. dos de m. r. non rogné. Pap. Vél.*

216. Les mêmes. *Paris, P. Didot l'aîné*, 1795, 2 *vol. in-12. m. vert. dent. Pap. Vél.*

217. Les mêmes, de la même édition. 2 *tom. en* 4 *vol. in-18. fig. m. r. dent. tab. Pap. Vél.*
Chaque page est encadrée d'un filet rouge.

218. Fables et Contes, par de La Fontaine. *Paris*, 1757, 2 *vol. in-12. m. r.*

219. Fables de La Fontaine, avec des figures gravées par Simon et Coiny. *Paris, Didot aîné*, 1787, 6 *vol. in-18. m. r. dent. tabis.*
Chaque page est encadrée de filets rouges.

220. Les mêmes, pour l'éducation du Dauphin. *Paris, Didot aîné*, 1787, 2 *vol. in-18. m. vert. tabis. Pap. Vél.*

221. Les mêmes, pour l'éducation du Dauphin. *Paris, Didot aîné*, 1788, *in-4. dem. rel. dos de m. r. non rogné. Pap. Vél.*

222. Les mêmes, pour l'éducation du Dauphin. *Paris, Didot l'aîné*, 1789, 2 *vol. in-8. m. v.*

222*. Fables de La Fontaine. *Paris, P. Didot*, 1802, 2 *vol. in-fol. max. br. en cart. n° 19 sur 250. Pap. Vél. fig. avant la lettre.*

223. Les mêmes, *Paris, P. Didot l'aîné*, 1813, 2 *vol. in-8. m. r. dent. Pap. Vél.*

224. Les mêmes, avec un nouveau Commentaire par M. Nodier. *Paris*, 1818, 2 *vol. in-8. fig. v. gauffré.*

225. Les Œuvres de N. Boileau Despréaux, avec des éclaircissemens. *La Haye*, 1722, 4 *vol. in-12. m. r. fig. de B. Picart.*

226. Les mêmes, pour l'éducation du Dauphin. *Paris, Didot aîné*, 1788, 3 *vol. in-18. m. r. dent. tab. Pap. Vél.*

227. Les mêmes, pour l'éducation du Dauphin. *Paris, Didot l'aîné*, 1789, 2 *vol. in-4. dem. rel. dos de m. r. non rogné. Pap. Vél.*

on y a mis les livraisons 1 et 2 des figures,
avant la lettre

pl.

ce sont les figures des premiers Ronard
generaux qui ont été copiés. Girard

~~246. haut.~~

Malapart

Girard.
Labitte

223. pois. ait

Legras.

Labitte

Bartholin

Barrey

p. 228. Laur. mh+

229. Lie.

p. 230. poir. hz+ Laur. pz+

231. poir. e+

Barrey

233. poir. az+

Icora. 234. poir. h+

p.

Legras.

porquet.

228. Les mêmes, avec des Variantes, publiées par M. Daunou. *Paris*, 1809, *éd. stéréotype d'Herhan*, 3 *vol. in*-8. *m. r. dent. Pap. Vél. fig.* de *Moreau le jeune avant la lettre.*

229. Les mêmes. *Paris, P. Didot l'aîné*, 1815, 3 *vol. in*-8. *m. r. dent. Pap. Vél.*

229*. Œuvres de Boileau. *Paris, P. Didot*, 1819, 2 *vol. in-fol. max. br. en cart. n°* 14 *sur* 125. *Pap. Vél. fig. avant la lettre.*

230. Les mêmes, avec un commentaire, par de Saint-Surin. *Paris*, 1821, 4 *vol. in*-8. *fig. v. vert. dent. Pap. Vél.*

231. Œuvres de Chaulieu. *Paris*, 1774, 2 *vol. in*-8. *v. éc.*

232. Odes, Cantates, Épitres et Poésies diverses, par J. B. Rousseau, pour l'éduc. du Dauphin. *Paris, Didot aîné*, 1790, *in*-4. *dem. rel. dos de m. r. non rogné. Pap. Vél.*

233. Œuvres choisies de J. B. Rousseau. *Paris, P. Didot l'aîné*, 1818, 2 *vol. in*-8. ~~*dem. rel. dos de*~~ *m. r. Pap. Vél.*

234. La Religion, poëme, par L. Racine. *Paris, P. Didot l'aîné*, 1821, *in*-8. *dem. rel. dos de m. r. non rogné.*

235. Narcisse dans l'île de Vénus, poëme, par Malfilâtre. *Paris*, 1795, *in*-12. *m. cit. dent. Pap. Vél.*

236. Œuvres de Bernard. *Paris, P. Didot l'aîné*, 1797, *in*-4. *dem. rel. dos de m. r. non rogné. Pap. Vél. fig. avant la lettre.*

237. Poésies de Voltaire, Poëmes et Discours. *Paris, J. Didot l'aîné*, 1823, 5 *vol. in*-8. *cart.*

238. La Henriade, par Voltaire. *Paris*, 1770, 2 *vol. in*-8. *fig. m. r.*

239. La même, pour l'éducation du Dauphin. *Paris, P. Didot*, 1790, *in*-4. *dem. rel. dos de m. r. non rogné. Pap. Vél.*

240. La même, avec les Variantes. *Paris, P. Didot*, 1792, *in*-18. *m. vert. dent. Pap. Vél.*

241. La même. *Paris, P. Didot l'aîné*, 1814, *in*-8. *m. r. dent. Pap. Vél.*

241*. La Henriade, par Voltaire. *Paris, P. Didot*, 1819, *in-fol. max. br. en cart. n° 14 sur 125. Pap. Vél.*

242. Œuvres du cardinal de Bernis. *Paris, P. Didot l'aîné*, 1798, *in*-8. *v. f. dent. Gr. Pap. Vél.*

243. Les Saisons, poëme, par de Saint-Lambert. *Amst.* 1775, *in*-8. *fig. v. éc.*

244. Les mêmes. *Paris*, 1796, *in*-4. *dem. rel. dos de m. r. non rogné. Pap. Vél. fig. avant la lettre.*

245. Œuvres de Jacques Delille. *Paris*, 1804, 13 *vol. in*-8. *v. j. Gr. Pap.*

246. Dithyrambe sur l'Immortalité de l'âme, par Delille. *Paris*, 1802, *in*-12. *fig. bas.*

247. L'Homme des Champs, ou les Géorgiques françaises, par J. Delille. *Paris*, 1805, *in*-8. *m. r. dent. tab. Gr. Pap. Vél. fig. avant la lettre.*

248. La Maison des Champs, poëme, par Campenon. *Paris, Didot*, 1809, *in*-12. *dem. rel. dos de m. vert. Pap. Vél.*

249. Œuvres poétiques de J. B. de Saint-Victor. *Paris*, 1822, *in*-12. *v. vert.* = Poésies de Marguerite-Éléonore Clotilde, publ. par Vanderbourg. *Paris*, 1804, *in*-18. *fig. v. b.*

250. Messéniennes et Poésies diverses, par M. Casimir Delavigne. *Paris*, 1824, *in*-8. *m. vert. dent. Pap. Vél. fig. sur Pap. de Chine.*

Poètes dramatiques français.

251. Répertoire du Théâtre Français, avec des Notices sur chaque auteur, par M. Petitot. *Paris*, 1803, 23 *vol. in*-8. *fig. dem. rel.*

252. Le Théâtre de Jaq. Grevin. *Paris*, 1562, *in*-8. *v. j.*

p.

p.

girard.

243. poir. it

245. Lie.

Roncerat.

248 Dejo.

p.

bruchy

251. Lie.

nozeran

Bourdillon

254. wei.

256. pois. xz+

257. gui.

Legras. 258. Lie. dejo. mz+

P.

Rouard.

Legras.

263. Lie. dejo. hz+

264 Deb. amm+

Colas. 265. pois. ez+

266. pois. am+

253. Les Tragédies de Robert Garnier. *Lyon*, 1600, *in12. m. r.*

254. Les Tragédies de N. Chretien. *Rouen*, 1608, *in-12. v. f.*

255. Théâtre de P. Corneille, avec le commentaire de Voltaire. *Paris*, *Didot*, 1795, 10 *vol. in-4. dem. rel. dos de m. r. non rogné. Pap. Vél.*

256. Œuvres de P. Corneille, avec le commentaire de Voltaire. *Paris*, *P. Didot l'aîné*, 1801, 12 *vol. in-8. v. f. dent. Gr. Pap. Vél.*

257. Théâtre choisi de P. Corneille. *Paris*, *Didot l'aîné*, 1783, 2 *vol. in-4. dem. rel. dos de m. r. non rogné. Pap. d'Annonay.*

258. Les Chefs-d'Œuvre de P. Corneille. *Paris*, *P. Didot l'aîné*, 1814, 3 *vol. in-8. m. r. dent. Pap. Vél.*

259. L'Esprit du grand Corneille, suivi des Chefs-d'Œuvre de Th. Corneille, publ. par M. François de Neufchâteau. *Paris*, *P. Didot l'aîné*, 1819, 2 *vol. in-8. dem. rel. dos de m. Pap. Vél.*

260. Œuvres de Molière. *Paris*, 1739, 8 *vol. in-12. fig. v. m.*

261. Les mêmes, avec les remarques de Bret. *Paris*, 1788, 6 *vol. in-8. fig. v. r. dent.*

262. Les mêmes. *Paris*, *Didot l'aîné*, 1791, 6 *vol. in-4. dem. rel. dos de m. r. non rogné. Pap. Vél.*

263. Les mêmes. *Paris*, *P. Didot l'aîné*, 1817, 7 *vol. in-8. m. r. dent. Pap. Vél.*

264. Les mêmes, avec un commentaire par M. Auger. *Paris*, 1819, 9 *vol. in-8. cart. Gr. Pap. Vél. fig. avant la lettre.*

265. Les mêmes, avec les notes de tous les commentateurs, publ. par M. Aimé Martin. *Paris*, 1824, 8 *vol. in-8. br. Gr. Pap. Vél. fig. avant la lettre.*

266. Le Théâtre de Quinault. *Paris*, 1739, 5 *vol. in-12. v. m.*

267. Le Théâtre de Pradon. *Paris*, 1732, *petit in*-12. *v. m.*

268. OEuvres de J. Racine. *Paris*, 1750, 3 *vol. in*-12. *m. vert. pap. fin.*

269. Les mêmes, avec des commentaires, par Luneau de Boisjermain. *Paris*, 1768, 7 *vol. in*-8. *fig. v. m.*

270. Les mêmes, pour l'éducation du Dauphin. *Paris*, *Didot aîné*, 1783, 3 *vol. in*-4. *dem. rel. dos de m. r. non rogné. Pap. Vél.*

271. Les mêmes, pour l'éduc. du Dauphin. *Paris*, *Didot aîné*, 1784, 5 *vol. in*-18. *m. r. dent. tab. Pap. Vél.*

272. Les mêmes. *Paris*, 1796, 4 *vol. in*-8 *m. r. dent. Gr. Pap. Vél. fig. avant la lettre.*

272*. OEuvres de J. Racine. *Paris*, *P. Didot*, 1801, 3 *vol. in-fol. max. br. en cart. n°* 19 *sur* 250. *Pap. Vél. fig. avant la lettre.*

273. Les mêmes, avec le commentaire de La Harpe. *Paris*, 1807, 7 *vol. in*-8. *v. j.*

274. Les mêmes, avec des commentaires, par Geoffroy. *Paris*, 1808, 7 *vol. in*-8. *m. r. dent. Pap. Vél. fig. avant la lettre.*

275. Les mêmes. *Paris*, *P. Didot l'aîné*, 1813, 5 *vol. in*-8. *m. r. dent. Pap. Vél.*
On y a ajouté des figures avant la lettre.

276. Théâtre de Boursault. *Paris*, 1746, 3 *vol. in*-12. *v. m.*

277. Le Théâtre de Hauteroche. *Paris*, 1772, 3 *vol. in*-12. *v. f.*

278. OEuvres de Regnard. *Paris*, 1770, 4 *vol. in*-12. *v. f.*

279. Les mêmes. *Paris*, *P. Didot l'aîné*, 1819, 4 *vol. in*-8. *dem. rel. dos de m. Pap. Vél.*

280. Les OEuvres de Palaprat. *Paris*, 1735, *in*-12. *v. m.* = Les OEuvres de De la Fosse. *Paris*, 1747, *in*-12. *v. m.* = OEuvres de Théâtre de De la Noue. *Paris*, 1765, *in*-12. *v. m.*

267. poir. p+

Warie onclus

perquet.

Legras.

272. lag. iz+
272.*. plai. ezz+
273. poir. px+
274. dejo. xz+
275. hie.

Nozeran

278. hie. lag. poir. e+

280. poir. x+

Nozeran 281. pois. e+
282. pois. ai+
idem
idem 284. pois. h+
285. pois. ax+
286. pois. az+ dejo. i+
287. pois. x+
Legras.
Sauvignat.
Nozeran 290. pois. az+
291. pois. i+
292. pois. n+
Legras. 293. pois. h+
294. pois. pz+
Waree oncle
296. gui.

281. OEuvres de Dufresny. *Paris*, 1747, 4 *vol. in*-12. *v. m.*

282. Les OEuvres de Théâtre de D'Ancourt. *Paris*, 1760, 12 *vol. in*-12. *v. m.*

283. Théâtre de Le Grand. *Paris*, 1742, 4 *vol. in*-12. *v. m.*

284. OEuvres de Théâtre de Le Sage. *Paris*, 1774, 2 *vol. in*-12. *v. f.*

285. OEuvres dramatiques de Néricault-Destouches. *Paris*, 1774, 10 *vol. in*-12. *v. f.*

286. OEuvres de Nivelle de La Chaussée. *Paris*, 1762, 5 *vol. in*-12. *v. f.*

287. OEuvres de Crébillon. *Paris*, 1772, 3 *vol. in*-12. *v. f.*

288. Les mêmes. *Paris*, 1785, 3 *vol. in*-8. *fig. m. r. dent.*

289. Les mêmes. *Paris*, *P. Didot l'aîné*, 1818, 2 *vol. in*-8. *m. r. dent. Pap. Vél.*

290. Le Théâtre de Marivaux. *Amst.* 1754, 4 *vol. pet. in*-12. *v. f.*

291. Chefs-d'OEuvre dramatiques d'Alexis Piron. *Paris*, 1775, 2 *vol. in*-12. *fig. v. f.*

292. Théâtre de Société, par madame de Genlis. *Paris*, 1777, 3 *vol. in*-12. *v. j.*

Poëtes italiens, etc.

293. L'Enfer, poëme du Dante, trad. en françois, avec le texte en regard, (par de Rivarol.) *Paris*, 1785, *in*-8. *v. m.*

294. Roland furieux, trad. de l'italien de l'Arioste, par D'Ussieux. *Paris*, 1775, 4 *vol. in*-4. *fig. dem. rel.*

295. La Gerusalemme liberata di T. Tasso. *Parigi*, 1771, 2 *vol. in*-8. *fig. m. r. dent. Pap. de Holl.*

296. La medesima. *Stampata d'ordine di Monsieur, Parigi*, *Didot aîné*, 1784, 2 *vol. in*-4. *fig. dem. rel. dos de m. r. non rogné.*

297. Jérusalem délivrée, trad. de l'italien du Tasse, (par Le Brun.) *Paris*, 1774, 2 *vol. in-8. fig. m. r. Gr. Pap.*

298. La même, trad. en vers françois, par M. Baour-Lormian. *Paris*, 1819, 3 *vol. in-8. fig. dem. rel.*

299. Aminta di T. Tasso. *Crisopoli, (Parma, Bodoni,)* 1796, *petit in-4. dem. rel. dos de m. r.*

300. Traduction françoise de l'Aminte du Tasse, avec le texte à côté. *Paris*, 1734, *in-12. v. m.* = Il Tempio di Gnido, trasportato dal francese in italiano. *Parigi*, *Prault*, 1767, *in-12. v. m.*

301. La Lusiade de L. Camoens, trad. du portugais, (par Laharpe.) *Paris*, 1776, 2 *tom. en* 1 *vol. in-8. fig. m. r.*

302. La Mort d'Abel, poëme de Gessner, trad. de l'allemand, par Huber. *Paris*, *Defer de Maisonneuve*, 1793, *gr. in-4. dem. rel. dos de m. r. fig. color. Pap. Vél.*

303. OEuvres dramatiques de Schiller, trad. de l'allemand. *Paris*, 1821, 6 *vol. in-8. dem. rel. dos de m. r. non rogné.*

304. Le Paradis perdu, par Milton, en anglois et en franç. (par N. F. Dupré de Saint-Maur.) *Paris*, *Defer de Maisonneuve*, 1792, 2 *vol. gr. in-4. dem. rel. dos de m. r. fig. color. Pap. Vél.*

305. Les Saisons, poëme, trad. de l'angl. de Thomson. *Paris*, *Didot jeune*, 1796, *in-8. m. v. dent. Gr. Pap. Vél. fig. avant la lettre.*

306. Ossian, Poésies galliques, trad. de l'angl. de Macpherson, par Letourneur. *Paris*, 1777, 2 *tom. en* 1 *vol. in-8. v. f. dent.*

Mythologie. Fables, etc.

307. Bibliothèque d'Apollodore, trad. du grec, avec le texte en regard, par Clavier. *Paris*, 1805, 2 *vol. in-8. v. f. dent.*

308. Histoire véritable des Temps fabuleux, par

297. Lie.

p.

Le gras.

p.

Le gras.

302. pois. ai+

303. pois. mh+ Leb.

304. pois. pz+

305. Leb.

Scorr.

307. cous. i+ Merlin

308. Cous. x+

309. grep. ai+ pois. am+

310. pois. ae+

311. pois. hz+

312. Dur.

313. pois. mi+ Laur. ai+

314. pois. mi+

315. pois. ai+ Laur. xe+

316. pois. b+

p.

p.
Rouanet.

Warie oncle

Rouanet.

Guérin du Rocher. *Paris*, 1777, 3 *vol. in*-8. *v. m.*

309. Dictionnaire de la Fable, par Noël. *Paris*, 1803, 2 *vol. in*-8. *v. porph.*

310. Les trois Fabulistes, Ésope, Phèdre et Lafontaine, publiés par Chamfort et Gail. *Paris*, 1796, 4 *vol. in*-8. *v. r.*

311. Œuvres de Maître François Rabelais, avec les remarques de Le Duchat. *Amst.* 1741, 3 *vol. in*-4. *v. f. fig. de B. Picart.*

312. Le Moyen de parvenir, (par Beroalde de Verville. (*Paris*, *Barbou*,) 1757, 2 *vol. in*-12. *m. r.*

Contes et Nouvelles.

313. Il Decameron di M. G. Boccacci. *In Amst.* (*Elzevier*,) 1665, 1 *tome en* 2 *vol. in*-12. *m. r.*

314. Les Cent Nouvelles nouvelles. *Cologne*, 1701, 2 *vol. in*-8. *v. éc. fig. détachées.*

315. Contes moraux, par Marmontel. *Paris*, 1765, 3 *vol. in*-8. *fig. v. f.*

316. Nouvelles de Michel de Cervantes, trad. de l'espagnol. *Amst.* 1709, 2 *vol. in*-12. *fig. v. b.*

Romans grecs.

317. Amours de Theagènes et Chariclée, trad. du grec d'Héliodore. *Paris*, 1743, 2 *vol. in*-8. *fig. v. f.*

318. Longi Pastoralia de Daphnide et Chloe, gr. *Parisiis*, *P. Didot*, 1802, *in*-4. *dem. rel. dos de m. r. non rogné. Pap. Vél. fig. avant la lettre.*

319. Les Amours pastorales de Daphnis et Chloé, trad. du grec de Longus, par J. Amyot, avec les estampes gravées par Audran, sur les dessins du duc d'Orléans, régent. (*Paris*,) 1718, *in*-8. *m. r. dent. tab.*

320. Le même ouvrage. *Paris*, *P. Didot l'aîné*, 1800, *in*-4. *dem. rel. dos de m. r. non rogné. Pap. Vél. fig. avant la lettre.*

321. Les Amours d'Abrocome et d'Anthia, histoire éphésienne, trad. du grec de Xénophon. 1748, *in*-12. *fig. v. m.*

322. Les Amours d'Ismène et d'Ismenias, trad. du grec d'Eustathe. *Amst.* 1729, *in*-12. *fig. v. m.* = Les Amours de Carite et de Polydore, par l'abbé Barthélemy. *Paris*, 1760, *in*-12. *dem. rel.*

Romans français rangés par ordre alphabétique.

323. Les Amours de Psyché et Cupidon, par J. de La Fontaine. *Paris, Defer de Maisonneuve*, 1791, *in*-4. *dem. rel. dos de m. r. non rogné. Pap. Vél. figures en couleurs.*

324. Les Aventures de Télémaque, par F. de Salignac de Lamotte Fénelon, pour l'éducation du Dauphin. *Paris*, *Didot aîné*, 1783, 2 *vol. in*-4. *m. r. dent. fig. de Tilliard, et portrait par Saint-Aubin. Pap. Vél.*

325. Les mêmes, pour l'éduc. du Dauphin. *Paris*, 1783, 4 *vol. in*-18. *m. r. dent. tab. Pap. Vél.*

326. Les mêmes, pour l'éduc. du Dauphin. *Paris, Didot l'aîné*, 1784, 2 *vol. in*-8. *m. vert. Pap. Vél.*

327. Les mêmes, publiées par J. F. Adry. *Paris*, 1811, 2 *vol. in*-8. *m. r. dent. Pap. Vél. fig. avant la lettre.*

328. Les mêmes, *Paris, P. Didot l'aîné,* 1814, 2 *vol. in*-8. *m. r. dent. Pap. Vél.*

329. Le Bachelier de Salamanque, par Le Sage. *La Haye*, 1741, 2 *vol. in*-12. *fig. v. m.*

330. Bélisaire, par Marmontel. *Paris*, 1767, *in*-8. *fig. v. m.*

331. Le Diable Boiteux, par Le Sage. *Paris*, 1779, 2 *vol. in*-12. *fig. v. f.*

332. Histoire amoureuse des Gaules, par de Bussi Rabutin. 1754, 5 *vol. in*-12. *v. éc.*

333. Histoire de Cléveland, par l'abbé Prevost. *Londres*, 1773, 6 *vol. in*-12. *fig. v. j.*

p.

~~Monard.~~

324. Laur. xz+

Monard.

Legran.

327. Laur. ai+ thou. mit+ p.

328. Lie. Laur. ai+

Lamy

Icorel.

idem

p.

Romanet.

335. Of.

336. pois. ax+

Waric oncles

338. pois. n+

339 Dej.

340. pois. p+

Legras. 341. pois. am+

Serres. 342. pois. i+

343. pois. n+ Lic.

344. desf. pois. e+ Laur. az+

P. 345. pois. 6+

346. pois. ax+

guitel.

334. Histoire de Gil Blas de Santillane, par Le Sage. *Paris*, 1771, 4 *vol. in*-12. *fig. v. f.*

335. La même. *Paris*, *P. Didot l'aîné*, 1819, 3 *vol. in*-8. *m. r. dent. Pap. Vél.*

336. Histoire du petit Jehan de Saintré, par Tressan. *Paris*, *Didot jeune*, 1791, *in*-18. *fig. m. bl. Pap. Vél.*

337. Les illustres Françoises, histoires véritables, (par Challes.) *Amst.* 1747, 2 *vol. in*-8. *fig. v. f.*

338. Les Incas, par Marmontel. *Paris*, 1777, 2 *vol. in*-8. *v. éc.*

339. Joseph, poëme, par Bitaubé. *Paris*, *Didot*, 1786, *in*-8. *fig. m. r. Pap. Vél.*

340. Lettres d'une Péruvienne, par mad. de Grafigny. *Paris*, 1773, *in*-12. *v. f.* = Œuvres posthumes de la même. *Paris*, 1770, *in*-12. *v. m.*

341. Lettres Persannes, par Montesquieu, suivies de ses Œuvres diverses. *Paris*, *P. Didot l'aîné*, 1820, 3 *vol. in*-8. *dem. rel. dos de m. Pap. Vél.*

342. Les Liaisons dangereuses, par Choderlos de Laclos. *Paris*, 1782, 2 *vol. in*-12. *v. b.*

343. Mémoires et Aventures d'un homme de qualité, par l'abbé Prevost. *Amst.* 1742, 8 *vol. pet. in*-12. *v. j.*

344. Paul et Virginie, par J. H. Bernardin de Saint-Pierre. *Paris*, *Imp. de Monsieur*, 1789, *in*-18. *fig. m. r. dent. tabis. Pap. Vél.*

345. Roman Comique de Scarron. *Paris*, 1757, 3 *vol. in*-12. *v. f.*

346. Le Temple de Gnide, suivi d'Arsace et Isménie, par Montesquieu. *Paris*, *P. Didot l'aîné*, 1796, *in*-4. *dem. rel. dos de m. r. non rogné. Pap. Vél. fig. en couleurs.*

347. Traduction libre d'Amadis de Gaule, par de Tressan. *Paris*, 1780, 2 *vol. in*-12. *v. f.*

Romans espagnols, etc.

348. El ingenioso hidalgo don Quixote de la Mancha, por M. de Cervantes Saavedra. *Madrid, Ibarra*, 1780, 4 *tom. en* 2 *vol. in-4. fig. m. r. dent. tab.*

349. Histoire de Don Quichotte, trad. de l'espagnol, de Cervantes. *Paris*, 1704, (*avec la sphère*,) 5 *vol. in*-12. *fig. vel.*

350. La même, par Florian. *Paris*, 1799, 3 *vol. in*-8. *fig. v. j.*

351. La même, trad. par H. Bouchon Dubournial. *Paris*, 1822, 4 *vol. in*-8. *fig. v. uni. dent.*

352. Galatée, roman pastoral, imité de Cervantes, par de Florian, avec des figures en couleurs, d'après les dessins de Monsiau. *Paris*, 1793, *gr. in*-4. *dem. rel. dos de m. r. non rogné. Pap. Vél.*

353. Les Aventures de Joseph Andrews, par Fielding, trad. de l'anglais. *Londres*, 1750, 2 *vol. in*-12. *m. vert.*

354. Clarisse Harlowe, trad. de l'angl. de Richardson, par Le Tourneur. *Paris*, 1785, 10 *vol. in*-8. *fig. v. b.*

355. Histoire du chevalier Grandisson, trad. de l'anglois de Richardson. *Amst.* 1755, 4 *vol. in*-12. *v. m.*

356. Paméla, ou la Vertu récompensée, trad. de l'anglais de Richardson. *Londres*, 1742, 4 *vol. in*-12. *v. f.*

357. Tom Jones, trad. de l'angl. de Fielding, par de Laplace. *Paris*, 1767, 4 *vol. in*-12. *fig. v. f. Gr. Pap.*

358. La Vie et les Aventures de Robinson Crusoé, trad. de l'ang. *Leyde*, 1754, 3 *vol. in*-12. *fig. m. vert.*

359. Voyage sentimental, par L. Sterne, en anglois et en françois. *Paris*, *an* VII, (1799,) 2 *vol. in*-4. *dem. rel. dos de m. r. non rogné. Pap. Vél. fig. avant la lettre.*

348. Leb.

349. dru.

350. pois. ae+

351. Leb. p.

353. desf. pois. b+

354. pois. pr+

355. pois. b+

356. pois. b+

357. desf. lagr. pois. ai+

358. pois. ae+

359. pois. pz+

Waricuche

~~360~~

garnot. 361. couf. m^t
ferres.
garnot.

garnot.
galliot.
waric oncle

barthelemi

miaze.
touchy

Satyres, etc.

360. Histoire de Pierre de Montmaur, par de Sallengre. *La Haye*, 1715, 2 *vol. in*-12. *fig. v. f. Gr. Pap.* 19.

361. Apologie pour les grands hommes soupçonnés de magie, par G. Naudé. *Amst.* 1712, *in*-12. *v. m.* 2-5

362. L'Éloge de la Folie, trad. du latin d'Erasme, par Gueudeville. *Amst.* 1731, *in*-8. *fig. v. f.* 2-60.

363. Huétiana, ou pensées diverses de M. Huet. *Amst.* 1723, *in*-12. *vél.* 1-95

Polygraphes grecs et latins.

364. Lucien, trad. du grec par Perrot d'Ablancourt. *Amst.* 1709, 2 *vol. in*-8. *fig. v. b.* 5-65

365. Le même ouvrage. *Amst.* 1712, 2 *vol. in*-8. *fig. m. r.* 19-95

366. Collection des Auteurs latins, communément appelés *ad usum Delphini.* 63 *vol. in*-4. *m. r.* savoir : 3201.

	vol.		vol.
Boetius	1680.1	Virgilius	1682.1
Plinius	1685.5	Horatius	1691.1
Pompeius Festus	1681.1	Manilius	1679.1
Ciceronis Libri Oratorii	1687.1	Ovidius.... 1686 et	1689.4
Ciceronis Orationes	1684.3	Phædrus	1675.1
Ciceronis Epistolæ ad Familiares	1685.1	Statius	1685.2
Ciceronis Opera philosophica, avec le commencement du tome second	1689.1	Valerius Martialis	1680.1
Panegyrici veteres	1676.1	Juvenalis et Persius	1684.1
Callimachus	1675.1	Claudianus	1677.1
Plautus	1679.2	Ausonius	1730.1
Terentius	1675.1	Prudentius	1687.1
Lucretius	1680.1	Apuleius	1688.1
Catullus, Tibullus et Propertius	1685.2	Aulus Gellius	1681.1
		Justinus	1677.1
		Dictys Cretensis	1680.1
		Q. Curtius	1678.1
		T. Livius	1679.6
		Florus	1674 1
		Paterculus	1675.1

Auli gellii amst. Elzev. 1651, in 12. m. r — 13. 50.
— Idem cum not. var. 1666, in 8° v. b — 12
— trad. en françois, paris, 1776, 3 vol. in 12. v. m — 8-95.

	vol.		vol.
Eutropius..........	1683.1	Valerius Maximus...	1679.1
Aurelius Victor.....	1681.1	Danetii Diction. Antiq. Romanarum..	1698.1
Sallustius..........	1674.1	Ejusdem Dictionarium lat. gall.....	1691.1
Cæsar.............	1678.1	Ejusd. Diction. gall. lat.............	1683.1
Tacitus............	1682.4		
Suetonius..........	1684.1		
Cornelius Nepos....	1675.1		

Magnifique exemplaire d'une Collection extrêmement rare, lorsque, comme dans celle-ci, tous les volumes sont des éditions originales, et tous dans leurs anciennes reliures en maroquin. A l'exception de neuf, tous portent les armes de France; mais ces neuf volumes sont également dans leur ancienne reliure, et n'ont point d'autre différence. L'on peut regarder cet exemplaire comme l'un des plus beaux que l'on puisse trouver de cette Collection.

Tous ces ouvrages sont des éditions de Paris; l'Ovidius seul, 4 volumes, n'a été imprimé qu'à Lyon.

Polygraphes français, rangés par ordre alphabétique des noms des auteurs.

367. Œuvres philosophiques, hist. et littéraires de d'Alembert. *Paris*, 1805, 18 *vol. in*-8. *v. rac.*

368. Mémoires historiques, critiques et littéraires, par Amelot de la Houssaye. *Amst.* 1742, 3 *vol. in*-12. *v. f.*

369. Mélanges d'Histoire et de Littérature, par de Vigneul-Marville, (B. d'Argonne.) *Paris*, 1713, 2 *vol. in*-12. *v. f. dent.*

370. Nouveaux Mémoires d'histoire, de critique et de littérature, par d'Artigny. *Paris*, 1749, 7 *vol. in*-12. *v. m.*

371. Œuvres de Colardeau. *Paris*, 1779, 2 *vol. in*-8. *v. éc. Gr. Pap.*

372. Œuvres de D. Diderot, publiées par J. A. Naigeon. *Paris*, 1798, 15 *vol. in*-8. *m. vert. dent. Gr. Pap. Vél.*

373. Œuvres complètes de Duclos. *Paris*, 1806, 10 *vol. in*-8. *v. porph.*

367. Wei. pois. nz+

Crozet.

369. greg. e+ favr.

370. favr.

371. pois. am+

372. pois. mzz+

373. pois. hz+ Laur. mh+

374. pois. me+

375. pois. pz+ Laur. mz+

376. pois. az+

377. pois. hm+

p.

379. Lie.

girord.

381. pois. am+

382. pois. px+

waricondes

p.

crozet.

porquet.

waricondes 387. pois. px+

Legras. 388. cous. x+

idem

390. Lie.

374. OEuvres de Dumarsais. *Paris*, 1797, 7 *vol. in*-8. *v. j.*

375. OEuvres de Gresset, avec le Parrain magnifique. *Paris*, 1811, 3 *tom. en* 2 *vol. in*-8. *v. f. dent. fig. avant la lettre et les eaux fortes.*

376. OEuvres diverses du comte Ant. Hamilton. *Londres*, 1776, 6 *vol. in*-12. *v. f.*

377. OEuvres complètes d'Helvétius. *Paris*, *P. Didot l'aîné*, 1795, 14 *vol. in*-12. *v. f. Pap. Vél.*

378. OEuvres diverses de La Fare. *Paris*, 1755, 2 *vol. in*-12. *fig. v. f.*

379. OEuvres complètes de mesdames de La Fayette et de Tencin. *Paris*, 1804, 5 *vol. in*-8. *v. f.*

380. OEuvres diverses de J. de La Fontaine. *Paris*, 1744, 4 *vol. in*-12. *m. r.*

381. OEuvres choisies et posthumes de La Harpe. *Paris*, 1806, 4 *vol. in*-8. *v. j.*

382. OEuvres posthumes de Marmontel. *Paris*, 1804, 11 *vol. in*-8. *v. j.*

383. OEuvres de Moncrif. *Paris*, 1768, 4 *tom. en* 2 *vol. in*-12. *fig. m. vert.*

384. Les Essais de Michel de Montaigne. *Paris*, 1617, *in*-4. *dem. rel.*

385. Les mêmes. *Amst. Michiels*, 1659, 3 *vol. in*-12. *m. r. dent. l. r.*

386. Les mêmes, avec des Remarques, par Coste, avec le supplément. *Londres*, 1724 *et* 1740, 4 *vol. gr. in*-4. *bas.*

387. Les mêmes, avec les notes de Coste. *Londres*, 1754, 10 *vol. in*-12. *m. r. Pap. de Holl.*

388. Les mêmes. *Paris*, *Bastien*, 1783, 3 *vol. in*-8. *v. j.*

389. Les mêmes. *Paris*, *Didot*, 1802, 5 *vol. in*-8. *m. vert dent. Pap. Vél.*

Le tome 5 se compose de l'Avertissement de Naigeon, et des Eloges de Montaigne, par MM. Villemain et Jay.

Ce dernier volume est sur papier ordinaire.

390. Les mêmes. *Paris*, 1818, 6 *vol. pet. in*-12. *v. r.*

391. OEuvres de Montesquieu. *Paris, Plassan*, 1796, 5 *vol. in-4. fig. v. f. dent. Pap. Vél.*

392. Théâtre et OEuvres diverses de Pannard. *Paris*, 1763, 4 *vol. in-12. v. f.*

393. OEuvres de Louis Racine. *Paris*, 1808, 6 *vol. in-8. m. r. dent. Pap. Vél.*

394. OEuvres complètes de Rivarol. *Paris*, 1808, 4 *vol. in-8. dem. rel.*

395. OEuvres complètes de Rollin. *Paris, Bastien*, 1807, 60 *vol. in-8. et atlas in-4. v. f.*

396. OEuvres de J. B. Rousseau. *Londres*, 1753, 5 *vol. in-12. v. f.*

397. OEuvres de J. J. Rousseau. *Neuchâtel*, 1764, 20 *vol. in-8. fig. v. f. dent.*

398. OEuvres de De Saint-Foix. *Paris*, 1778, 6 *vol. in-8. v. b.*

399. OEuvres de Saint-Lambert. *Paris, P. Didot l'aîné*, 1795, 2 *vol. in-18. m. vert. dent. Pap. Vél.*

400. OEuvres de F. de Salignac de La Mothe Fénelon. *Paris, Didot*, 1787, 9 *vol. in-4. dem. rel. dos de m. r. non rogné. Pap. Fin.*

401. Mémoires de Littérature, par de Sallengre. *La Haye*, 1715, 2 *vol. in-12. v. j.*

402. OEuvres complètes de mad. de Staël, publ. par son fils. *Paris*, 1820, 17 *vol. in-8. v. f. Pap. Vél.*

403. OEuvres complètes de Voltaire. *Kehl*, 1784, 70 *vol. in-8. fig. v. f. dent. Pap. à* 6 *fr.*

404. Pièces inédites de Voltaire, imprimées d'après les Manuscrits originaux. *Paris, P. Didot l'aîné*, 1820, *in-8. v. f. dent. Pap. Vél.*

Polygraphes italiens, etc.

405. Collection des Auteurs classiques italiens, imprimés par Prault. *Paris*, 1767 *et* 1768, 35 *vol. in-12. v. m.* savoir :

La Comedia di Dante, 2 vol. = Le Rime di Petrarcha, 2 vol. = Orlando Furioso di L. Ariosto, 4 vol. = Il Morgante Maggiore di L. Pulci, 3 vol. = Ricciardetto di N. Carteromaco,

Motelet.

Crozet.

393. dejo. pit — Nozeran

394. dejo. ax+ grol. — Bartholen

395. pois. aez+

Merlin

Le clerc.

398. pois. pz+

399. pois. az+ — Le grai.

Malefait.

401. farr.

402. pois. amz+ — Nozeran

403. Lie.

404. Lie.

Merlin

406. poiss. am^t

407. poiss. p2^t

p.

giraud.

Bartholene

411. of.

Legras.

413. poiss. x^t

414. dejo. am^t

giraud.

3 vol. = Gerusalemme liberata di T. Tasso, 2 vol. = Aminta di T. Tasso, 1 vol. = Il Pastor Fido di Guarini, 1 vol. = Il Malmantile racquistato di L. Lippi, 1 vol. = La Secchia rapita di A. Tassoni, 1 vol. = Il Torracchione desolato di B. Corsini, 2 vol. = Il Decamerone di G. Boccaccio, 3 vol. = Opere di N. Macchiavelli. 8 vol. = Il Tempio di Gnido, 1 vol. = Vocabolario portatile, 1 vol.

406. OEuvres de Machiavel, trad. en françois. *La Haye*, 1743, 6 *vol. in-12. v. f.*

407. OEuvres de Sal. Gessner. *Paris*, *Renouard*, 1799, 4 *vol. in-8. fig. veau rose. dent. Pap. Vél.*

408. OEuvres complettes d'Alex. Pope, trad. de l'anglois. *Paris*, 1779, 8 *vol. in-8. fig. v. m.*

409. Essais moraux et politiques, trad. de l'angl. de Hume. *Amst.* 1764, 5 *tom. en* 6 *vol. in-12. v. f.* = Discours politiques du même, trad. de l'angl. *Amst.* 1767, 3 *vol. in-12. v. f.*

410. D. Erasmi Colloquia, cum not. var. accur. C. Schrevelio. *Amst.* 1693, *in-8. v. b.*

411. Dialogues des Morts, par Fénelon. *Paris*, *P. Didot l'aîné*, 1819, *in-8. dem. rel. dos de m. Pap. Vél.*

Épistolaires.

412. Les OEuvres de Pline le jeune, trad. en français, par de Sacy, avec le texte en regard. *Paris*, 1808, 3 *vol. in-12. v. r.*

413. Lettres et Épîtres amoureuses d'Héloïse et d'Abeilard. *Paris*, 1805, *in-8. v. porph.*

414. Recueil des Lettres de madame de Sévigné. *Paris*, 1774, 8 *vol. in-12. v. f.*

415. Correspondance Littéraire adressée au Grand-Duc de Russie, depuis 1774, jusqu'à 1789, par J. F. La Harpe. *Paris*, 1801, 4 *vol. in-8. v. f.*

HISTOIRE.

Géographie.

416. De la manière d'écrire l'Histoire, par l'abbé de Mably. (*Kehl*,) 1784, 2 *vol. in*-12. *v. m.*

417. L'Esprit de l'histoire, ou Lettres politiques et morales d'un père à son fils, par Ferrand. *Paris*, 1802, 4 *vol. in*-8. *v. j.*

418. Science de l'Histoire, contenant le système général des connoissances à acquérir, avant d'étudier l'histoire, par Chantreau. *Paris*, 1803, 3 *vol. in*-4. *cart. Pap. Vél.*

419. Cosmologie, ou Description générale de la Terre, par M. Walckenaer. *Paris*, 1815, *in*-8. *br.*

420. Précis de la Géographie universelle, par Malte-Brun. *Paris*, 1810, *in*-8. *br. les tomes* 1 *et* 2, *et atlas in*-4. *cart.*

421. Dictionnaire géographique, par Vosgien. *Paris*, 1779, *in*-8. *v. m.*

422. Atlas universel, par Robert de Vaugondy. *Paris*, 1757, *in-fol. max. v. m.*

422*. Atlas universel de Géographie ancienne et moderne, par Mentelle et Chanlaire. *Paris*, 1806, *in-fol. dem. rel.*

423. Altas portatif, pour l'intelligence des auteurs classiques, par Grenet. *In*-4. *vél. vert.*

424. Atlas portatif de la France par départemens, composé de 91 cartes, avec un Précis élémentaire. *Paris*, 1791, *in*-4. *obl. v. éc.*

425. Plan de Paris, divisé en 12 Mairies. *Paris*, 1807, *très grande feuille collée sur toile, dans un étui.*

426. Environs de Paris, dressés par Beuvelot, d'après la carte des chasses, et d'autres cartes particulières. *Une feuille collée sur toile, lavée, et renfermée dans un étui.*

417. of. pois. ae+ Simonet.

Merlin

idem

420. pois. ai+

421. pois. h+

422. alf. pois. xz+

422.*. Cons. Labitte

423. Cons. pois. ae+

424. pois. ai+

p.

Legras.

girond.

p.

429. poir. ahz+

Simonet.

Crozet. 431. Laur. mz+

Legras.

porquet.

Crozet.

p. 434. grep. mz+ Laur. mz+

Legras. ~~435. grep. pz+~~

435* grep. pzz+ poir. Laur. mz

436. plai. aiz+ no.

Voyages.

427. Histoire générale des Voyages, par l'abbé Prévost. *Paris*, 1746, 19 *vol. in-4. fig. v. b.*

428. Voyage à la mer du Sud, fait dans les années 1740 à 1744, par G. Anson, trad. de l'angl. *Amst.* 1751 *et* 1763, 2 *tom. en* 1 *vol. in-4. fig. v. m.*

429. Les trois Voyages du capitaine Cook, trad. de l'anglois. *Paris*, 1774, *et années suiv.* 14 *vol. in-4. fig. v. m. Les figures du* 3e *Voyage sont reliées séparément et forment le* 14e *volume.*

430. Les six Voyages de Tavernier en Turquie, en Perse et aux Indes. (*Hollande*,) 1692, 3 *vol. in-12. fig. v. b.*

431. Relation d'un Voyage du Levant, par Pitton de Tournefort. *Paris, Impr. R.* 1717, 2 *vol. in-4. fig. v. j. Pap. Fin.*

432. Voyage dans les Alpes, par de Saussure. *Neuchâtel*, 1803, 8 *vol. in-8. fig. v. rac.*

432*. Voyage pittoresque, ou Description des Royaumes de Naples et de Sicile, (par Richard de Saint-Non.) *Paris*, 1781, 5 *vol. in-fol. fig. v. f. dent.*

433. Analyse du Voyage pittoresque de Naples et de Sicile, faite par l'abbé Brizard. *Paris*, 1787, *in-8. br. Pap. Vél.*

434. Itinéraire descriptif de l'Espagne, par A. de Laborde. *Paris*, 1809, 5 *vol. in-8. et atlas v. f.*

435. Voyages de Pallas dans plusieurs provinces de l'Empire de Russie, trad. de l'allemand. *Paris, l'an* II, (1794,) 8 *vol. in-8. et atlas in-4. m. vert dent. Gr. Pap. Vél.*

435*. Voyage pittoresque de la Grèce, (par de Choiseul Gouffier.) *Paris*, 1782 *et* 1809, 3 *vol. in-fol. fig. le tome* 1er. *v. éc. et les tom.* 2 *et* 3 *br. en cart.*
Exemplaire avec une *s* au mot *tournoi*.

436. Voyage de Chardin en Perse et autres lieux de l'Orient. *Amst.* 1735, 4 *vol. in-4. fig. v. j.*

437. Voyage à la Baye de Hudson, en 1746 et 1747, par H. Ellis, trad. de l'anglois. *Leide*, 1750, *in*-8, *fig. v. m.*

Chronologie et Histoire universelle, etc.

438. Histoire civile et allégorique du Calendrier, par Court de Gebelin. *Paris*, 1776, *in*-4. *fig. v. m.*

439. Justini historiæ. *Amst.* 1722, *in*-12. *v. m.*

440. Traduction de l'Abrégé historique de Justin, par l'abbé Favier. *Paris*, 1737, 2 *vol. in*-12. *v. b.*

441. Discours sur l'Histoire universelle, par Bossuet, pour l'éduc. du Dauphin. *Paris, Didot aîné*, 1784, *in*-4. *dem. rel. dos de m. r. non rogné. Pap. Vél.*

442. Le même, pour l'éduc. du Dauphin. *Paris, Didot aîné*, 1784, 4 *vol. in*-18. *m. r. dent. tab.*

443. Le même. *Paris*, 1802, *in*-8. *v. j.*

444. Le même. *Paris*, 1805, 3 *vol. in*-12. *v. f. Pap. Vél. édit. stéréot.*

445. Le même. *Paris*, 1806, 3 *vol. in*-12. *v. f. Pap. Vél. édit. stéréot.*

446. Le même. *Paris*, *P. Didot l'aîné*, 1814, 2 *vol. in*-8. *m. r. dent. Pap. Vél.*

447. Histoire universelle, trad. de l'anglois par une société de gens de lettres. *Amst.* 1732, 44 *vol. in*-4. *v. f. le tom.* 45 *br.*

448. Les Ruines, ou Méditation sur les révolutions des Empires, par Volney. *Paris*, 1792, *in*-8. *fig. v. rac.*

449. Histoire des Croisades, par M. Michaud. *Paris*, 1813, 7 *vol. in*-8. *br.*

450. Histoire de la Rivalité de la France et de l'Angleterre, avec le Supplément, par Gaillard. *Paris*, 1771, 11 *vol. in*-12. *v. f.*

451. Histoire de la Ligue faite à Cambrai entre Jules II, pape, Maximilien Ier, Louis XII, etc. contre la république de Venise. *La Haye*, 1710, 2 *tom. en* 1 *vol. in*-12. *v. f.*

m. de Noilly.

438. cour. i+

p.

Bertrand.

barré

Renaud.

Giroud

Car 2 n° reformant [illegible]

Édition en [illegible] de [illegible] idem

446. Laur. ae+ p.

447. greg. apz+ porquet.

448. desf.

449. cour. ai+ Lagr.

Waré oncle

merlin

merlin

porquet. 453. cons. az+

crozet.

waricourche 455. cons. b+

456. pois. px+

waricourche

labitte

brunet.

truchy

porquet. 463. cons. az+

452. Histoire universelle de d'Aubigné. *Maillé*, 1616, 3 *tom. en* 1 *vol. in-fol. v. b.*

453. Histoire des Chevaliers hospitaliers de Saint-Jean de Jérusalem, appelés chevaliers de Malthe, par de Vertot. *Paris*, 1772, 7 *vol. in*-12. *v. f.*

454. Histoire des Juifs, trad. du grec de Flavius Joseph, par Arnauld d'Andilly. *Bruxelles*, 1701, 5 *vol. in*-8. *fig. v. f.*

Histoire grecque.

455. Pausanias, ou Voyage hist. de la Grèce, trad. du grec, par Gedoyn. *Amst.* 1733, 4 *vol. in*-12. *fig. v. f.*

456. Voyage du jeune Anacharsis en Grèce, par J. J. Barthélemy. *Paris*, 1789, 7 *vol. in*-8. *et atlas in*-4. *v. j.*

456*. Herodoti Historiarum libri novem, gr. et lat. cum notis P. Wesselingii. *Amst.* 1763, *in-fol. br. en cart. non rogné.*

457. Histoire d'Hérodote, trad. du grec, (par Larcher.) *Paris*, 1802, 9 *vol. in*-8. *v. f.*

458. Thucydidis de bello Peloponnesiaco libri octo, gr. et lat. ex recens. C. A. Dukeri. *Amst.* 1731, *in-fol. m. vert. dent.*

459. Histoire de Thucydide, trad. du grec, par Levesque. *Paris*, 1795, 4 *vol. in*-8. *v. r.*

460. La Cyropédie, ou Histoire de Cyrus, trad. du grec de Xénophon, par M. B. J. Dacier. *Paris* 1777, 2 *vol. in*-12. *v. j.*

461. L'Expédition de Cyrus, et la Retraite des Dix Mille, trad. du grec de Xénophon, par Larcher. *Paris*, 1778, 2 *vol. in*-12. *v. j.*

462. Diodori Siculi Bibliothecæ historicæ libri qui supersunt, gr. et lat. ex recens. P. Wesselingii. *Amst.* 1746, 2 *vol. in-fol. m. vert. dent.*

463. Histoire universelle de Diodore de Sicile, trad. du grec, par Terrasson. *Paris*, 1737, 7 *vol. in*-12. *v. éc.*

464. Q. Curtius Rufus, de rebus Alexandri Magni, cum comment. S. Pitisci. *Traj. ad Rhen.* 1693, *in-8. fig. v. b.*

465. Idem, cum not. var. cur. H. Snakenburg. *Delphis*, 1724, 2 *vol. in-4. m. r. Ch. Mag.*

466. Idem. *Parisiis, Barbou*, 1757, *in-12. v. porph.*

467. Histoire d'Alexandre-le-Grand, par Quinte-Curce, en lat. et en franç. trad. par Vaugelas. *Paris*, 1772, 2 *vol. in-12. v. f.*

Histoire romaine.

468. C. Crispi Sallustii Opera, ex recens. G. Cortii. *Glasguæ*, 1751, *in-12. v. f.*

469. Les Histoires de Salluste, trad. par Beauzée, avec le texte en regard. *Paris*, 1775, *in-12. v. f.*

470. C. J. Cæsaris quæ extant, cum not. var. ex recens. J. C. Grævii. *Lugd. Bat.* 1713, *in-8. fig. vél.*

471. Idem, cura F. Oudendorpii. *Lugd. Bat.* 1737, 2 *tom. en* 1 *vol. in-4. vél.*

472. Idem. *Parisiis, Barbou*, 1755, 2 *vol. in-12. parch. non rogné.*

473. Les Commentaires de César, trad. en françois, avec le texte en regard, revus par de Wailly. *Paris*, 1803, 2 *vol. in-12. bas.*

474. La Guerre de Jules César dans les Gaules. *Parme, (Bodoni,)* 1786, 3 *vol. in-8. cart.*

475. T. Livii Historiarum quod extat, cum not. var. cur. J. Gronovio. *Amst. D. Elzevirius*, 1679, 3 *vol. in-8. v. f.*
Exemplaire de Colbert.

476. Idem, et C. Sigonii Fasti consulares. *Oxonii, e Typ. Clarend.* 1800, 7 *vol. in-8. v. f. dent. Pap. Vél.*

477. Histoire romaine de Tite-Live, trad. en françois, avec le texte en regard, par Dureau de Lamalle, revue par Noel. *Paris*, 1810, 15 *vol. in-8. v. f. dent.*

	Chobée.
465. no.	
	Motelet.
467. poiss. c+	
	giroud
	Houle
	Labitte
	Waricomde
473. poiss. x+	giroud.
	p.
	Waricomde
477. guep. xz+	gab. waric

Roxane.

p.   manque le titre du tome 2^d.

Warie onclos   481. thon. ez+

Boules

p.

Bartholene

Legras.   485. grep. e+

Boules

Démone

488. Lie.

Malafait.

p.

Bartholene

Warie onclos   492. Laur. mz+

493. cour. px+ Lie.

478. C. Velleius Paterculus, cum notis variorum. *Lugd. Bat.* 1659, *in-8. v. b.*

479. C. C. Taciti Opera, cum not. var. ex recens. J. F. Gronovii. *Amst. Elzevir.* 1672, 2 *vol. in-*8. *v. b.*

480. Idem, cum not. J. Pichon, in usum Delphini. *Paris.* 1682, 4 *vol. in-4. v. f.*

481. Idem, recognovit et dissert. illustravit G. Brotier. *Paris.* 1771, 4 *vol. in-4. v. f.*

482. Œuvres de Tacite, trad. en françois, par de la Bleterie et Dotteville. *Paris*, 1768, 8 *vol. in-*12. *fig. v. f.*

483. Tacite, nouvelle traduction, par Dureau de Lamalle. *Paris*, 1790, 3 *vol. in-8. v. porph.*

484. Suetonius Tranquillus, cum not. var. accurante J. Schildio. *Lugd. Bat.* 1667, *in-*8. *v. b.*

485. Les douze Césars, trad. du latin de Suétone, avec le texte en regard, par de La Harpe. *Paris*, 1770, 2 *vol. in-8. v. porph.*

486. Abrégé de l'Histoire romaine de Florus, trad. du latin, avec le texte en regard, par l'abbé Paul. *Paris*, 1774, *in-*12. *v. f.*

487. Histoire Romaine, trad. de l'anglais de Laurent Echard. *Paris*, 1734, 16 *vol. in-*12. *v. m.*

488. Histoire des Révolutions Romaines, de Suède et de Portugal, par de Vertot. *Paris*, 1777, *et ann. suiv.* 6 *vol. in-*12. *v. f.*

489. Histoire de la révolution qui renversa la république romaine, par M. Nougarede. *Paris, F. Didot*, 1820, 2 *vol. in-*8. *dem. rel.*

490. Considérations sur les Causes de la grandeur des Romains et de leur décadence, par Montesquieu. *Paris*, 1795, 2 *tom. en* 1 *vol. in-*8. *v. rac.*

491. Les mêmes. *Paris, P. Didot l'aîné*, 1814, *in-*8. *m. r. dent. Pap. Vél.*

492. Histoire du Bas Empire, par Le Beau, continuée par Ameilhon. *Paris*, 1757, 29 *vol. in-*12. *v. f.*

493. Histoire de la décadence et de la chute de

l'empire romain, trad. de l'angl. de Gibbon. *Paris*, 1788, 18 *vol. in-8. dem. rel.*

494. Vie de l'empereur Julien, par de la Bleterie. *Paris*, 1746, *in-12. v. m.*

494*. La Istoria d'Italia di F. Guicciardini. *Fiorenza*, 1561, *in-fol. m. r.*

Histoire de France.

495. Dictionnaire universel, géographique, statistique, histor. et polit. de la France. *Paris*, 1804, 5 *vol. in-4. v. j.*

496. Statistique générale et particulière de la France et de ses colonies, publ. par Herbin. *Paris*, 1803, 7 *vol. in-8. et atlas in-4. dem. rel.*

497. Histoire critique de l'Établissement de la Monarchie française dans les Gaules, par Dubos. *Paris*, 1742, 2 *vol. in-4. v. f.*

498. Abrégé chronol. de l'Histoire de France, par de Mézeray. *Amst.* 1740, 4 *vol. in-4. fig. v. f.*

499. Nouvel Abrégé chronologique de l'Histoire de France, par le président Hénault. *Paris*, 1768, *in-4. dem. rel.*

500. Histoire de France, par Velly, Villaret et Garnier. *Paris*, 1769, 33 *vol. in-12. v. m.*

501. Histoire des Français, par Simonde de Sismondi. *Paris*, 1821, 3 *vol. in-8. dem. rel. dos de m. v. non rogné. Pap. Vél.*

502. Les Mémoires de Philippe de Commines. *Leide, les Elzeviers*, 1648, *in-12. m. vert.*

503. Les mêmes, publiés par Godefroy, avec les notes de Lenglet du Fresnoy. *Paris*, 1747, 4 *vol. in-4. fig. v. m.*

504. Le Règne de Louis XI, et de l'Influence qu'il a eue jusque sur les derniers temps de la troisième Dynastie, par A. Dumesnil. *Paris*, 1811, *in-8. dem. rel. dos de m. r. Pap. Vél.*

505. L'Esprit de la Ligue, par Anquetil. *Paris*, 1783, 3 *vol. in-12. v. m.*

494. dejo. m[t] y[c.]

Romanet.

idem

p.

Legras.

499. Lie. reverso

Legras.

Bartholeme

502. dej. mz[+]

Crozet.

Waric aede

504. dejo. m[t] y

Bartholeme

guild.

Rouanet.

Bartholemo

Legras.

giroud.

Wariondo

idem

idem

512. pois. pz+ dejor mi+

513. Laur. az+

guitel.

Bartholeme

516. delaf. mh+

Rouanet. 517. dejo. h+

p. 518. dejo. ai+

506. Histoire de Henri-le-Grand, par Hardouin de Péréfixe. *Amst. les Elzeviers*, 1661, *in*-12. *m. r.*

507. Satyre Menippée, de la vertu du Catholicon d'Espagne, et de la tenue des Etats de Paris. *Ratisbonne*, 1664, *in*-12. *fig. m. cit.*

508. Mémoires de Sully. *Paris*, 1788, 6 *vol. in*-8. *v. b.*

509. Histoire du Ministère du cardinal duc de Richelieu. *Leyde, Sambix*, (*Elzevier*,) 1652, 2 *vol. in*-12. *v. gauffré, dent.* = L'Histoire du cardinal duc de Richelieu. *Cologne. P. Marteau*, (*Elzevier*,) 1666, 5 *vol. in*-12. *v. gauffré, dent.*

510. Mémoires pour servir à l'Histoire d'Anne d'Autriche, par mad. de Motteville. *Amst.* 1750, 6 *vol. in*-12. *m. r.*

511. Mémoires du comte de Brienne, contenant les événemens les plus remarquables des règnes de Louis XIII, et de Louis XIV. *Amst.* 1719, 3 *vol. in*-12. *v. f.*

512. Mémoires du cardinal de Retz. *Amst.* 1731, 4 *vol. in*-12. *m. r.* = Mémoires de Joli. *Amst.* 1718, 2 *vol. in*-12. *m. r.* = Mémoires de la duchesse de Nemours. *Amst.* 1718, *in*-12. *m. r.*

513. Mémoires du duc de La Rochefoucauld. *Paris*, 1804, *in*-12. *fig. v. f. dent. Pap. Vél.*

514. Mémoires de Louis XIV, écrits par lui-même, publiés par M. de Gain Montagnac. *Paris*, 1806, 2 *part. en* 1 *vol. in*-8. *v. b.*

515. Siècles de Louis XIV et de Louis XV, par Voltaire. *Paris, P. Didot l'aîné*, 1820, 4 *vol. in*-8. *dem. rel. dos de m. Pap. Vél.*

516. Essai sur l'Etablissement monarchique de Louis XIV, par Lémontey. *Paris*, 1818, *in*-8. *v. j.*

517. Louis XIV, sa Cour et le Régent, par Anquetil. *Paris*, 1789, 4 *vol. in*-12. *v. m.*

518. Œuvres complètes de Louis de Saint-Simon, duc et pair de France, pour servir à l'Histoire

de Louis XIV, de la Régence, etc. *Strasbourg*, 1791, 13 *tom. en 7 vol. in-8. v. porph. dent.*

519. Histoire de la Révolution de France, pendant les dernières années du règne de Louis XVI, par Bertrand de Moleville. *Paris*, 1801, 14 *vol. in*-8. *v. r.*

520. Dernières années du Règne et de la Vie de Louis XVI, par F. Hue. *Paris, Imprim. Roy.* 1814, *in*-8. *br.*

521. Liste comparative des Cinq Appels nominaux faits dans les séances du 15 au 19 janvier 1793, sur le Procès de Louis XVI. *Paris*, 1793, *in*-8. *v. f.*

522. Mémoires inédits de l'abbé Morellet, sur le XVIIIe Siècle, et sur la Révolution française. *Paris*, 1822, 2 *vol. in*-8. *br.*

523. Réflexions sur la Révolution de France, par Edm. Burke, trad. de l'angl. *Paris*, *in*-8. *v. j.*

524. Le Spectateur français pendant le gouvernement révolutionnaire, par Delacroix, *Paris*, *l'an* III, (1795,) *in*-8. *v. j.* = De l'Influence de la philosophie sur les forfaits de la Révolution. *Paris*, *in*-8. *dem. rel.*

525. Considérations sur les principaux Evénemens de la Révolution française, par mad. de Staël. *Paris*, 1818, 3 *vol. in*-8. *v. j.*

526. La France et les Français en 1817, Tableau moral et politique, par le Sur. *Paris*, 1817, *in*-8. *dem. rel.*

527. Conjuration d'Etienne Marcel contre l'autorité royale, ou Histoire des Etats généraux de la France, pendant les années 1355 à 1358, par J. Naudet. *Paris*, 1815, *in*-8. *v. j.*

528. Du Gouvernement, des Mœurs et des Conditions en France avant la Révolution, par Senac de Meilhan. *Paris*, 1814, *in*-8. *v. j.*

529. Du Gouvernement de la France depuis sa restauration, et du Ministère actuel, par F. Guizot. *Paris*, 1820, *in*-8. *dem. rel. dos de m. vert.*

519. dejo. pz+		Merlin
	Nardillon
521 Car. az+	
	Labitte
523. grep. h+y	
	Girond.
525. dejo. n+		Legras
	Serres
527. dejo. p+y	
	Crozet
529. dejo. m+ ss c.	

girond.

Legras.

Kilian

533. Lie.

Martin

Kilian

idem

Legras. 537. dejo. n+

Kilian

idem 539. grep. am+

540 Dej.

Kilian

Romanet.

542. *. h2+ Laur.

Histoire de Suisse, d'Espagne, etc.

530. Lettres de William Coxe, sur l'état politique, civil, etc. de la Suisse, trad. de l'angl. *Paris*, 1781, 2 *vol. in*-8. *v. b.*

531. Lettres sur la Suisse, par un voyageur français, (J. B. La Borde,) en 1781. *Paris*, 1783, 2 *vol. in*-8. *v. f. Pap. de Holl.*

532. Histoire des Révolutions d'Espagne, par le P. d'Orléans. *La Haye*, 1724, 4 *vol. in*-12. *v. f.*

533. Histoire du règne de l'empereur Charles-Quint, par Robertson, trad. de l'anglais. *Paris*, 1771, 2 *vol. in*-4. *v. m.*

534. Histoire d'Angleterre, par David Hume, trad. de l'anglais. *Amst.* 1765, 18 *vol. in*-12. *v. j.*

535. Histoire des Révolutions d'Angleterre, par le P. d'Orléans. *Paris*, 1762, 4 *vol. in*-12. *v. f.*

536. Londres, par Grosley. *Paris*, 1788, 4 *vol. in*-12. *v. j.*

537. Histoire de Charles XII, par Voltaire. *Paris*, *P. Didot l'aîné*, 1817, *in*-8. *m. r. dent. Pap. Vél.*

538. Histoire de Pologne depuis son origine jusqu'en 1795, (par Monier.) *Paris*, 1807, 2 *vol. in*-8. *v. j.*

539. Histoire de l'anarchie de Pologne, et du démembrement de cette République, par C. Rulhière. *Paris*, 1807, 4 *vol. in*-8. *v. j.*

540. Mémoires sur la Révolution de Pologne, trouvés à Berlin. *Paris*, 1806, *in*-8. *v. j.*

541. Histoire de Russie, par P. C. Levesque, et continuée par Malte-Brun. *Paris*, 1812, 8 *vol. in*-8. *et atlas in*-4. *v. b.*

542. Des Progrès de la puissance Russe depuis son origine jusqu'au commencement du XIXe siècle. *Paris*, 1812, *in*-8. *v. j.*

542*. Tableau général de l'Empire Othoman, par de Mouradja d'Ohsson. *Paris*, 1787, *in-fol. fig. br. en cart. le tome* 1er.

543. Histoire philosophique et politique de l'Etablissement et du Commerce des Européens dans les Deux Indes, par G. T. Raynal. *Genève*, 1780. 10 *vol. in*-8. *et atlas in*-4. *v. b.* = Réponse à la Censure de la Faculté de Théologie, sur cet ouvrage. *Londres*, 1782, *in*-8. *dem. rel. dos de m. vert.*

544. Recherches philosophiques sur les Américains, par de Paw. *Londres*, 1771, 3 *vol. in*-12. *v. f.*

545. Histoire de l'Amérique, par Robertson, trad. de l'angl. *Paris*, 1778, 2 *vol. in*-4. *cart.*

Histoire littéraire.

546. Bibliothéque françoise, par l'abbé Goujet. *Paris*, 1740, 18 *vol. in*-12. *v. j.*

547. De l'Allemagne, par madame de Staël. *Paris*, 1814, 3 *vol. in*-8. *v. j.*

548. Éloges lus dans les séances publiques de l'Académie Française, par d'Alembert. *Paris*, 1789, *in*-12. *v. m.*

549. Dictionnaire portatif de Bibliographie, par Fournier. *Paris*, 1805, *in*-8. *v. r.*

550. Nouvelle Bibliothéque d'un homme de goût, (par de la Porte.) *Paris*, 1777, 4 *vol. in*-12. *v. m.*

551. Catalogue des Livres du Cabinet de L. J. Gaignat, par G. F. De Bure le jeune. *Paris*, 1769, 2 *vol. in*-8. *v. m.*

Biographie ancienne et moderne.

552. Dictionnaire historique et critique, par P. Bayle. *Rotterdam*, 1720, 4 *vol. in-fol. m. r.*

553. Analyse raisonnée de Bayle. *Londres*, 1755, 8 *vol. in*-12. *v. f.*

554. Dictionnaire historique, par Ladvocat. *Paris*, 1777, 3 *vol. in*-8. *v. m.*

555. Biographie universelle, ancienne et moderne.

Legras.

p.

545. die. of.

546. thou. pz+

547. grep. az+

nozeran

girond.

Kilian

~~Barray~~ merlin

wari enclen

Legras.

labille

legras.

girond.

556. dru.

557. Lie.

galliot.

Bartholeme

Boule

561. of.

Crozet.

Waricande 563. pois. p2t

Letellier

Kilian

p.

giron

Waricande 567. grep. m^t y

Paris, 1811, *in-8. les tomes* 1 *à* 32 *v. r. et* 33 *à* 46 *br.*

556. OEuvres complettes de Plutarque, trad. du grec, par J. Amyot, avee des notes par Brotier. *Paris*, 1783, 25 *vol. in-4. m. r. dent. fig. avant la lettre. Pap. Vél.*

557. Les Vies des Hommes illustres de Plutarque, trad. du grec, par Amyot. *Paris*, 1811, 16 *vol. in-*12. *v. j.*

558. Les Vies des plus illustres Philosophes de l'antiquité, trad. du grec de Diogène Laërce. *Amst.* 1758, 3 *vol. in-*12. *fig. m. r.*

559. Cornelii Nepotis Vitæ excellent. imperatorum, cum not. var. *Lugd. Bat.* 1675, *in-*8. *v. b.*

560. Cornelius Nepos, lat. et françois. *Paris. Barbou*, 1771, *in-*12. *v. f.*

561. Histoire de Scipion l'Africain, par Seran de Latour. *Paris*, 1752, *in-*12. *v. f.*

562. La Vie de Mohamed, par de Boulainvilliers. *Amst.* 1731, *in-*12. *v. b.*

563. OEuvres de Brantôme. *Londres*, 1779, 15 *vol. in-*12. *v. f.*

563*. Les illustres Français, ou Tableaux historiques des Grands Hommes de la France, par M. Ponce. *Paris, an* VII, (1799,) 25 *livr. en* 8 *cahiers. in-fol. br.*

564. Les Trois Siècles de notre littérature, (par Sabatier de Castres.) *Paris*, 1772, 3 *vol. in-*8. *v. m.*

565. Mémoires pour servir à l'Histoire de notre littérature, depuis François Ier jusqu'à nos jours, par Palissot. *Paris*, 1803, 2 *vol. in-*8. *v. rac.*

566. Particularités et Observations sur les ministres des finances les plus célèbres, depuis 1660 jusqu'en 1791. *Paris*, 1812, *in-*8. *v. j.*

567. Histoire du vicomte de Turenne, par l'abbé Raguenet. *Paris*, 1769, 2 *tom. en* 1 *vol. in-*12. *v. f. dent.*

568. Histoire de la Vie et des Ouvrages de J. de La Fontaine, par M. Walckenaer. *Paris*, 1820, *in*-8. *br.*

569. Histoire de J. B. Bossuet, par de Bausset. *Versailles*, 1814, 4 *vol. in*-8. *v. f.*

570. Histoire de Fénelon, par de Bausset. *Paris*, 1809, 3 *vol. in*-8. *v. f.*

571. Les Confessions de J. J. Rousseau. 4 *vol. in*-8. *fig. dem. rel.*

572. Essai sur la Vie de Th. Wentworth, comte de Strafford, ministre du roi Charles Ier, par le comte de Lally-Tolendal. *Paris*, 1814, *in*-8. *v. j.*

573. Vie du prince Potemkin. *Paris*, 1808, *in*-8. *v. j.*

574. Extrait des différens ouvrages publiés sur la Vie des Peintres, (par Papillon de La Ferté.) *Paris*, 1776, 2 *vol. in*-8. *v. rac.*

FIN.

DE L'IMPRIMERIE DE CRAPELET,
rue de Vaugirard, n° 9.

- 568. poiss. xt
569. Lie.
570. Lie.

Nerance
nuzerans
gime.
porquet.

LIVRES NOUVEAUX,

Et Extrait du Catalogue de DE BURE *frères.*

L'Espagne sous les Rois de la Maison de Bourbon, ou Mémoires relatifs à l'Histoire de cette Nation, depuis l'avénement de Philippe V en 1700, jusqu'à la mort de Charles III en 1788; écrits en anglais, sur des documens originaux inédits, par William Coxe, auteur de l'Histoire de la Maison d'Autriche; traduits en français, avec des notes et des additions, par Don Andrés Muriel. *Paris*, 1827, 5 *vol. in*-8. *br.*
Prix de chaque volume........................ 6 fr.
Les 2 premiers sont en vente.

Essai sur le Système des Hiéroglyphes phonétiques du docteur Young et de M. Champollion, trad. de l'angl. de H. Salt, par L. Devere. *Nancy*, 1827, *gr. in*-8. *fig. Pap. Vél.* Prix.. 9 fr.

Ancient unedited Monuments principally of grecian art, illustrated and explained by James Millingen. *London*, 1822 *to* 1826, 10 *livraisons formant* 2 *vol. très grand in*-4. *Pap. Vél. fig. coloriées*.............................. 180 fr.
L'ouvrage est complet.

Dionis Cassii historia romana, gr. et lat. cum notis variorum, curante F. G. Sturzio. *Lipsiæ*, 1824, 8 *vol. in*-8. *br.* 132 fr.

Ouvrages de M. le baron SILVESTRE DE SACY, *membre de l'Académie de Inscriptions, etc.*

Chrestomathie arabe, ou Extraits de divers écrivains arabes, tant en prose qu'en vers, avec une traduction française et des notes, à l'usage des élèves de l'École royale et spéciale des langues orientales vivantes. Seconde édition, corrigée et augmentée, par M. le baron Silvestre de Sacy. *Paris, Imp. Roy.* 1826, 3 *vol. grand in*-8. *br. contenant chacun* 700 *pages d'impression*. Prix de chaque volume.... 21 fr.
Cette nouvelle édition a l'avantage de réunir dans le même volume le texte et la traduction.
Les tomes 1 et 2 paroissent. Le tome 3 est sous presse.

Grammaire arabe. *Paris, Imp. Roy.* 1810, 2 *vol. grand in*-8. *fig. br*.................................... 24 fr.
— La même, *Pap. Vél. cart*...................... 48 fr.

Calila et Dimna, ou Fables de Bidpaï, en arabe, précédées d'un Mémoire sur l'origine de ce livre, et suivies de la Moallaka de Lébid, en arabe et en français. *Paris, Imp. Roy.* 1816, *in*-4. *br*.................................. 20 fr.
— Le même ouvrage, *Pap. Vél*.................. 35 fr.

Pend-Naméh, ou Livre des Conseils, de Férid-eddin Attar, en persan et en français. *Paris, Imp. Roy.* 1819, *in*-8. *br.* 20 fr.
— Le même, *en Pap. Vél*...................... 30 fr.

Testament de Louis XVI, avec une traduction arabe. *Paris, Imp. Roy.* 1820, *in-12. br.* . . . . 2 fr. 50 c.

— Le même, *Pap. Vél. br.* . . . . 5 fr.

Les Séances de Hariri, publiées en arabe, avec un Commentaire choisi. *Paris, Imp. Roy.* 1822, *in-fol. br.* . . . . 60 fr.

— Les mêmes, *en Pap. Vél.* . . . . 90 fr.

— Les mêmes, *la seconde partie séparément* . . . . 30 fr.

Il ne reste que quelques exemplaires de cette seconde partie.

Recherches historiques et critiques sur les Mystères du Paganisme, par M. le baron de Sainte-Croix; seconde édition, revue et corrigée par M. Silvestre de Sacy, dédiée au Roi. *Paris,* 1817, 2 *vol. in-8. br. avec* 2 *planches* . . . . 15 fr.

— Les mêmes, *Pap. Vél.* . . . . 30 fr.

Mémoires sur diverses Antiquités de la Perse. *Paris, de l'Imprimerie du Louvre,* 1793, *in-4. fig. br.* . . . . 15 fr.

— Les mêmes, *Pap. Fin* . . . . 21 fr.

Ouvrages de M. Augustin-Louis **CAUCHY**, *membre de l'Institut, Académie royale des Sciences, etc.*

Cours d'Analyse de l'École royale Polytechnique. *Paris, Impr. Roy.* 1821, *in-8. br.* Le tome premier . . . . 6 fr.

Résumé des Leçons données à l'École royale Polytechnique, sur le Calcul infinitésimal. *Paris, Imprimerie Royale,* 1823, *in-4. br.* Le tome premier . . . . 5 fr.

Mémoire sur les Intégrales définies prises entre des limites imaginaires. *Paris,* 1825, *in-4. brochure de* 68 *pages.* 3 fr. 50 c.

Mémoire sur l'analyse des puissances et des différences, et sur l'intégration des équationss linéaires. 1825, *grand in-4. contenant* 12 *pages* . . . . 2 fr.

Ce Mémoire est lithographié.

Exercices de Mathématiques, première année. *Paris,* 1826, 12 *livraisons formant* 1 *vol. in-4* . . . . 18 fr.

Chaque livraison se vend . . . . 1 fr. 50 c.

Les 13e et 14e livraisons, 1re et 2e de la seconde année, viennent de paroître.

Leçons sur les Applications du Calcul infinitésimal à la Géométrie. *Paris, Imp. Roy. septembre* 1826, *in-4. br. Le tome premier, de* 400 *pages d'impression* . . . . 8 fr.

Cet ouvrage est destiné à faire suite au Résumé des Leçons sur le Calcul infinitésimal.

Mémoire sur l'application du Calcul des Résidus à la solution des problèmes de physique mathématique. *Paris,* 1827, *in-4. br.* . . . . 3 fr. 50 c.

www.ingramcontent.com/pod-product-compliance
Ingram Content Group UK Ltd.
Pitfield, Milton Keynes, MK11 3LW, UK
UKHW021230230726
13926UKWH00003B/1354

9 782014 109337